Im Knaur Taschenbuch Verlag sind diese Bücher des Autors erschienen:
Körperglück. Wie gute Gefühle gesund machen
Glücksmedizin. Was wirklich wirkt
Das Ärztehasserbuch. Ein Insider packt aus
Herrlich eklig! Alles über die verkannten
   Wundersäfte unseres Körpers
Sprechstunde. Woran die Medizin krankt –
   Was Patienten wollen – Wie man einen guten Arzt erkennt

Über den Autor:
Dr. med. Werner Bartens, geboren 1966, hat Medizin, Geschichte und Germanistik studiert. Der Wissenschaftsredakteur der »Süddeutschen Zeitung« wurde u. a. als »Wissenschaftsjournalist des Jahres« ausgezeichnet. Er hat als Arzt und in der Forschung gearbeitet und ist Autor von Bestsellern wie »Glücksmedizin« und »Körperglück«. Der Stern schrieb über ihn: »Herr Dr. Bartens, Sie sind ein gottverdammtes Genie!«
www.werner-bartens.de

Werner Bartens

Was Paare zusammenhält

Warum man sich riechen können muss
und Sex überschätzt wird

Besuchen Sie uns im Internet:
www.knaur.de

Originalausgabe Juni 2013
Knaur Taschenbuch
© 2013 Knaur Taschenbuch
Ein Unternehmen der Droemerschen Verlagsanstalt
Th. Knaur Nachf. GmbH & Co. KG, München
Alle Rechte vorbehalten. Das Werk darf – auch teilweise –
nur mit Genehmigung des Verlags wiedergegeben werden.
Umschlaggestaltung: ZERO Werbeagentur, München
Umschlagabbildung: FinePic®, München
Satz: Adobe InDesign im Verlag
Druck und Bindung: CPI – Clausen & Bosse, Leck
Printed in Germany
ISBN 978-3-426-78602-4

5 4 3 2 1

Inhalt

Einleitung. 9

Kleine Beziehungskunde. 13
*Die erfolgreiche und erfüllerde Beziehung 15 • Die mittel-
mäßige Beziehung 16 • Die konflikt-orientierte Beziehung 17 •
Die konflikt-vermeidende Beziehung 19 • Die ehemals
romantische Beziehung 20 • Die Rettungs-Beziehung 21 •
Die Kumpel-Beziehung 22 • Die verlebte Beziehung 23*

Den passenden Partner finden. 25
*Traumpaar: Unsicherer Mann und sichere Frau 26 •
Größe zeigen 29 • Suchen Sie die Nähe zu Blumenläden 31 •
Bereit zum One-Night-Stand? 33 • Schmetterlinge im
Bauch 37 • Einander riechen können 39 • Der männliche
Blick – Figur oder Gesicht? 41 • Er schaut genauer hin 44 •
Ihre Aufmerksamkeit bekommen 46 • Achten Sie auf die
Bewegungen einer Frau 48 • Das Stöckelschuh-Syndrom 49 •
Farbe zeigen 52 • Die ungeschminkte Wahrheit 54*

Vom richtigen Zeitpunkt. 56
*Früh heiraten 56 • Für Frauen: Lernen Sie Ihren Traummann
am richtigen Tag kennen 58 • Für Männer: Treffen Sie
andere Frauen nur zu bestimmten Zeiten 60 • Partnerwahl
ohne Pille 62 • Wenn die biologische Uhr tickt 64*

Let's talk about Sex. 66
Sex wird überschätzt 66 • Häufiger, guter Sex als Kitt für

eine dauerhafte Ehe? 69 · Gleich in die Kiste oder Zeit lassen?
Egal! 70 · Im Wein liegt Zeugungskraft 72 · Überstehen Sie
das verflixte vierte Jahr 74 · Schlafen Sie in der richtigen
Gesellschaft 76 · Kinder raus aus dem Ehebett 78 ·
Sex nach Plan? 79 · Kürzeres Leben, längerer Sex 81

Zeit für Streicheleinheiten 83
Händchen halten hilft 83 · Massieren – und die Klappe
halten 85 · Flüchtige Berührungen 87 · Zärtliche Worte
finden 89 · Bloß kein Ekel vor dem anderen 91 ·
Warnsignal – sie will ständig in die Badewanne 99

Die Heilkraft der Liebe 96
Die kleine Zärtlichkeit zwischendurch 96 · Gemeinsam
abwehrfähig bleiben 98 · Liebe ist stärker als der Schmerz 100 ·
Das gesunde Gefühl, gewollt zu werden 102 · Das geliebte
Herz hält durch 104 · Vernachlässigt und verschnupft 105 ·
Wo die Liebe ihren Platz hat 107 · Setzen Sie auf den Kuschel-
faktor 109 · Es hilft – Küssen als Therapie 113

Affären, Untreue, Eifersucht 118
Wer anfällig für Seitensprünge ist 118 · Kopf oder Körper
woanders? Was den Partner auf die Palme bringt 119 ·
Böse auf den Partner oder auf die Konkurrenz? 122 · Eifersucht
und Hormone 124 · Hässlich, aber besser im Bett? 125 ·
Der Kopf in fremden Betten? Normal! 127 · Er will immer,
sie ist wählerisch? 129 · Die Treue in den Genen 131 ·
Seien Sie ähnlich attraktiv 133 · Den richtigen Abstand
zum Partner finden 134 · Das Herz! Gesundheitliche Risiken
des Seitensprungs 135 · Heimlich und ungeschützt 138

Durchhalten! 140
Die größten Gefahren vermeiden 140 · Gefühle, die trennen
können 142 · Machen Sie gute Figur füreinander 143 ·
Partnerschaftlich das Gewicht halten 146 · Pflegen Sie
Ihr solides Unglück 147

Aufbauhilfe für die stabile Beziehungskiste 151
Sich dem anderen gegenüber öffnen 151 · Konstruktiv
streiten 154 · Gleich und Gleich gesellt sich gern? 157 ·
Nicht Unterschiede, sondern Gemeinsamkeiten betonen! 159 ·
Je höher die Früchte, desto besser! 162 · Den Ärger spüren
lassen 163 · Wenn die Liebe schwindet 167 · Bis dass der
Tod euch scheidet: Ihn erleben oder überleben? 170 ·
Die Frau als Erzieherin zu gesundem Verhalten 172

Klassiker der Zerrüttung vermeiden 175
Sie müssen den Partner gar nicht verstehen! 175 ·
Sie mäkelt, er stellt auf Durchzug 178 · Sie quasselt ihn zu?
Von wegen! 181 · Hunger nach Harmonie 183 · Und täglich
grüßt das Murmeltier 185 · Bleiben Sie romantisch verliebt! 187 ·
Nicht klammern 189 · Machen Sie sich bewusst, welche
Nebenwirkungen eine Trennung hat 193

Beziehungspflege – von wegen Kleinigkeiten! 195
Seien Sie für Ihren Partner da 195 · Respektieren Sie die
verschiedenen Phasen der Liebe 196 · Stellen Sie Ihre Liebe
nicht ständig in Frage 197 · Großzügig gegenüber kleinen
Macken sein 198 · Bewahren Sie Ihre Freundschaft in der
Beziehung 199 · Suchen Sie das kleine wie das große Glück
miteinander 200 · Freuen Sie sich über Ihre Kinder 202 ·

*Vergessen Sie die traute Zweisamkeit 203 · Vorsicht –
Einsamkeit ist ansteckend 205 · Füreinander da sein ist
die beste Medizin 208 · Zusammen sind wir stark 210 ·
Das bisschen Haushalt 212 · Unterschiede verdrängen 214*

Warnsignale, die jede Beziehung bedrohen 217

Anmerkungen 219
Literatur 234
Register 248

Einleitung

Als sie einander acht Jahre kannten / (und man darf sagen: sie kannten sich gut), / kam ihre Liebe plötzlich abhanden. / Wie andern Leuten ein Stock oder Hut.« Der Beginn von Erich Kästners Gedicht »Sachliche Romanze« zeigt nüchtern und lakonisch auf, wie einem Paar schon nach wenigen gemeinsamen Jahren die Liebe verlorengehen kann und beide nichts mehr füreinander empfinden. Über die auf den Hund gekommene Beziehung wird so beiläufig und in so distanziertem Ton berichtet, dass der Eindruck entsteht: Dieses Miteinander ist besonders trostlos, da ist gar nichts, das beide noch aneinander bindet oder gar füreinander einnimmt. Dass die wechselseitige Zuneigung – quasi nebenbei – unterwegs »verlustig« gegangen ist, unterstreicht die traurige Bilanz dieser Partnerschaft. Beim Leser stellt sich unweigerlich das Gefühl ein: Das anonyme Liebespaar hat sich zwar vermutlich aneinander gewöhnt, aber den Schlüssel für ein langes, harmonisches Miteinander, den hat es nie gefunden.

Wenn es doch so einfach wäre! Dann wüsste jeder, der sich mit einem anderen Menschen zusammentut, wo sich dieser Schlüssel befindet und wie eine glückliche und dauerhafte Beziehung gelingt – und Paartherapeuten wie auch die Autoren von Beziehungsratgebern (und bedauerlicherweise vielleicht sogar die von Liebesend-Gedichten) wären auf lange Sicht arbeitslos. Wenn die Menschen nicht nur in den ersten

Stunden, Tagen und Wochen einander begehren würden und sich wünschten, ihr Glück würde ewig halten, dann bliebe zusammen, was zusammengehört oder sich einmal gefunden hat.

Stattdessen geht in den Mühen des Alltags so manche zarte Pflanze Zuneigung unwiderruflich ein, und die einst so lodernde Leidenschaft verglimmt, bis nur noch Gleichgültigkeit füreinander oder gar Hass und Verachtung übrig bleiben. Mehr als ein Drittel aller Ehen in Deutschland wird geschieden, in Großstädten geht sogar fast die Hälfte in die Brüche. Ewig hält höchstens noch die Sehnsucht nach dem Traummann oder der Traumfrau.

Patentrezepte für Ihr persönliches Beziehungsglück oder eine Garantie für ein dauerhaftes, harmonisches Miteinander werden hier nicht geboten. Die existieren nämlich nicht, sonst hätte sich das längst herumgesprochen. Allerdings haben sich ein paar Zutaten und Eigenschaften als ziemlich hilfreich erwiesen, die es wahrscheinlicher machen, dass sich tatsächlich die Menschen treffen, die gut zusammen passen – und dass sie es dann auch hinbekommen, möglichst lange ein Paar zu bleiben. Es gibt Kennzeichen von Partnerschaften, die diese Bezeichnung auch verdienen. Man kann das Beziehungs- und erst recht das Liebesglück zwar nicht erzwingen, dazu ist es zu flüchtig und viel zu kostbar. Aber die Chance dafür, dass es hält, die lässt sich um ein paar Grade erhöhen, das geht schon.

Die Wissenschaft hat erstaunliche Befunde zutage gefördert, wie eine Partnerschaft ihr Mindesthaltbarkeitsdatum locker überschreiten kann – und nicht nach einer vorausbestimmten Zeit unweigerlich zerbricht wie die Energiesparlampe, die

ich kürzlich in der Hand hielt und die »bis zu achttausend-
mal Anschalten aushält«, aber dann offenbar einer defekten
Zukunft entgegensieht und auf immer erlischt. Damit Partnerschaft gelingt und nicht emotionale Dunkelheit droht,
muss die Beziehung auch nicht auf der kleinsten Flamme
köcheln, sondern sie kann hell und klar erstrahlen und trotzdem halten.

Etliche Ergebnisse der Forschung sind auf den ersten Blick
ziemlich überraschend und irritierend, denn sie entsprechen
nicht unbedingt dem gesunden Menschenverstand oder den
üblichen Weisheiten aus Beziehungsratgebern. Selbst auf
den zweiten Blick haben sie nur wenig mit rasender Ekstase
und himmelhoch jauchzender Begeisterung füreinander zu
tun. Himmelhoch jauchzende Begeisterung ist sogar so
ziemlich das Letzte, was stabile Langzeitbeziehungen aus-
macht – sondern eher: der realistische, aber liebevolle Blick
auf die Stärken und Schwächen des anderen. Und einige andere erstaunliche Charakteristika.

Gemeinsames Glück, geteilte Interessen, ein Höchstmaß an
Empathie? Von wegen. Das Gegenteil ist manchmal hilfreich und kann die Beziehung stabilisieren, folgt man den
wissenschaftlich begründeten Rezepten für besonders halt-
bare Partnerschaften: Wenig Sex, stabiles Unglück, Resignation und unsichere Partner lassen beispielsweise eine Ehe
lange andauern. Was sonst noch hilft, steht auch nicht unbedingt in den üblichen Fibeln für Beziehungsanfänger: die
richtige Größe, das passende Gewicht und einander riechen
können. Und für Männer gilt: öfter mal die Klappe halten.

Manche Erkenntnisse und Hilfestellungen der Wissenschaft
lassen sich allerdings nur unter allergrößten Anstrengungen

im Alltag umsetzen. So wird es für einen mit 1,72 Metern Körperlänge vertikal benachteiligten Mann schwierig, plötzlich größer als 1,90 Meter zu erscheinen – auch wenn dadurch erwiesenermaßen seine Chancen auf attraktive Partnerinnen, weniger Eifersucht und mehr Gelassenheit im Leben steigen würden. Und eine Frau mag sich vielleicht nicht permanent in Rot kleiden, unabhängig von der Entdeckung französischer Wissenschaftler, dass Männer weitaus großzügiger und generöser sind und eher über kleine Fehler hinwegsehen, wenn sie eine »lady in red« vor sich haben.

Wer derartige Mühen scheut und weder eine operative Beinverlängerung noch einen modischen Stilwechsel anstrebt, kann sich jedoch vergewissern, dass er bereits mit 1,91 Metern alles richtig gemacht hat (als Mann) und schon die gelegentliche Vorliebe für Rot etliche Vorteile im Alltag mit sich bringt (als Frau). Die andere Möglichkeit besteht darin, diese Hinweise zu überspringen und sich auf das zu konzentrieren, was man leichter erreichen kann oder durch eine glückliche Fügung des Schicksals und der Hormone bereits erreicht hat: das richtige Maß an Eifersucht, die passende Form der Kommunikation oder die stimmige Aufteilung der gemeinsamen Pflichten beispielsweise. Diese Form der Selbstvergewisserung strahlt positiv auf gegenwärtige oder künftige Beziehungen aus – und das ist immerhin auch schon ein Beitrag für ein stabiles und dauerhaftes Miteinander.

Kleine Beziehungskunde

Von Weitem sieht eine Ehe außerordentlich einfach aus.

Hans Fallada

Wenn das Statistische Bundesamt sich nicht geirrt hat, gibt es in Deutschland etwa 18 Millionen Ehepaare und mehr als zweieinhalb Millionen nichteheliche Lebensgemeinschaften. Jedes Jahr werden ungefähr 400 000 Ehen neu geschlossen – aber auch fast 200 000 Ehen wieder geschieden. Die Ehe »bis dass der Tod uns scheidet« ist also eher die Ausnahme denn die Regel. Wenn sich Paare scheiden lassen, tun sie dies nach durchschnittlich 14,4 Jahren Ehe. Wer es länger aushält, darf sich bereits in einer »Langzeit-Ehe« fühlen. Aber auch 14,4 Jahre muss man erst mal gemeinsam hinbekommen …

Bevor es darum geht, *wie* man zusammenbleiben kann, ist es womöglich hilfreich, sich zunächst darüber klarzuwerden, *warum* man überhaupt zusammen ist und die Beziehung noch immer Bestand hat. Wissenschaftler nehmen mittlerweile an, dass Menschen nicht nur als Säuglinge und Kleinkinder das Bedürfnis haben, sich an die nächste Bezugsperson – zumeist die Mutter oder den Vater – zu binden. Ein Leben lang bleibt der Wunsch, Personen um sich zu haben, die als sicherer Hafen und sichere Basis zur Verfügung stehen. Liebesbeziehungen sind daher zumeist auch immer ein Ausdruck der Erinnerungen, Überzeugungen und Erwartungen, die man seit frühester Kindheit an eine Bindung hat.

Damit eine freiwillig geschlossene Bindung auseinander-
geht, muss daher schon einiges passieren.
Daraus ergeben sich etliche Fragen: Was ist die Basis der
Ehe oder Partnerschaft? Wie funktioniert sie?
Hat einer von
beiden das Sagen und dominiert die Beziehung, während der
andere sich unterordnet? Kann das kein Problem sein, wenn
beide damit zufrieden sind? Oder kommt jemand zu kurz,
oder haben gar beide das Gefühl, permanent benachteiligt zu
sein? Wie reagieren die Partner aufeinander, wenn Konflikte
und Probleme auftauchen? Fühlen sie sich vom anderen genügend gehört, in ihren Hoffnungen und Erwartungen akzeptiert und verstanden? Was sind die tragenden Kräfte, die
zwei Menschen – noch nach Jahren – zusammenhalten? Was
bleibt davon übrig, wenn die Kinder erwachsen sind und das
Haus abbezahlt ist? Und welche Gefühle überwiegen, wenn
man an den Partner und das gemeinsame Leben denkt? Freude und Zufriedenheit – oder doch eher Ärger, Frustration
und Enttäuschung?
Natürlich ist die folgende Kategorisierung in verschiedene
Beziehungstypen nicht vollständig, und man muss sich auch
gar nicht für eines der genannten Prinzipien entscheiden und
sein Miteinander in ein Muster pressen – die meisten Partnerschaften sind einzigartige Mischformen, die so nicht ein
zweites Mal auf der Welt existieren. Trotzdem gibt es ein
paar Gesetzmäßigkeiten, klassische Bindungen, aber ebenso
typische Fettnäpfchen und Fallen, die sich als stabil – oder
eben gefährlich – für eine Beziehung erwiesen haben. Wenn
man weiß, wie der andere tickt und mit welchen Gewohnheiten man es sich zu zweit bequem gemacht hat, dann ist vielleicht leichter zu erkennen, welche Stärken man stärken und

welche Schwächen man schwächen könnte, um den gröbsten Unsinn in der Beziehung zu vermeiden.

Die erfolgreiche und erfüllende Beziehung

> Richtig verheiratet ist der Mann erst dann,
> wenn er jedes Wort versteht,
> das seine Frau nicht gesagt hat.
>
> *Alfred Hitchcock*

Diese Partnerschaft kann man sich wie ein Leben im Schlaraffenland vorstellen. Da es Schlaraffenländer aber nur im Märchen gibt, ist vielleicht das Bild vom übervollen Regal hilfreich, das niemals leer wird, selbst wenn beide sich ständig daraus bedienen. Im Gegenteil, dann quillt es erst recht über. Schließlich füllen beide es permanent wieder auf und sorgen so für ein emotionales Überangebot. Beide Partner sind voll der Wertschätzung und Zuneigung füreinander, beide sind offen für Kompromisse – und wenn sie sich doch mal streiten, suchen sie besonnen und gewissenhaft nach Lösungen, die sie dann auch prompt finden.

Langweilig wird solchen Paaren miteinander nicht. Denn da sie einander genau zuhören und den anderen gut verstehen, erleben sie ihre Beziehung trotz aller Vertrautheit ständig neu und befinden sich stets im gemeinsamen Wandel, denn die Partner müssen sich ja immer wieder neuen Fragen und Herausforderungen stellen und dabei aufeinander eingehen. Die emotionale Verbindung von zwei solchen Menschen ist

dauerhaft und tief und nur äußerst schwer zu erschüttern –
allein diesen Umstand haben sie schon vielen Paaren voraus.
Zu schön, um wahr zu sein, ist das alles. Und wenn sie nicht
gestorben sind …, möchte man anfügen und landet dann
doch wieder beim Märchen. Aber es gibt solche Beziehungen tatsächlich, wenn auch nur in wenigen glücklichen Aus-
nahmefällen. Wenn Sie solche Paare kennen, fragen Sie nach
dem persönlichen Rezept der beiden.

Die mittelmäßige Beziehung

> Die Ehe ist ein Versuch, zu zweit wenigstens
> halb so glücklich zu werden, wie man allein gewesen ist.
>
> *Oscar Wilde*

Sie gibt es millionenfach und in vielerlei Ausprägungen. Ein
Blick in den Freundeskreis oder die Nachbarschaft reicht
meistens aus, um sich davon zu überzeugen. Manche Partnerschaften machen beide nicht glücklich, sondern setzen
das tägliche Mittelmaß fort, sie fühlen sich auch nicht besonders stabil an – halten aber erstaunlicherweise trotzdem.
Einen Hinweis darauf, dass solche Beziehungen schnell in
die Brüche gehen, haben Forscher bisher nämlich noch nicht
gefunden. Und da sich oft beide Seiten pragmatisch an das
Miteinander gewöhnt haben und wissen, was sie am anderen
haben und was nicht, sehen die Partner nur selten einen Anlass, sich zu trennen.
Eine mittelmäßige Beziehung kann viele Ursachen und Mo-

tive haben. Häufig verfügen die beiden Partner nicht über genügend verbindende emotionale Ressourcen, um aus dem verliebten Beginn auf Dauer eine glückliche Bindung zu machen. Jeder hat schnell das Gefühl, der andere lebe emotional, zeitlich oder materiell auf seine Kosten – und möchte dann selbst »auch mal dran« sein. Der Eindruck, ungerecht behandelt zu werden, ist eine häufige Quelle steter Unzufriedenheit. Und beide Partner schaffen es oft nicht, den anderen in dem sicheren Gefühl zu wiegen, dass er sich bei ihm vollkommen aufgehoben wähnen kann. Die emotionale Bindung mag am Anfang stark gewesen sein, wird aber durch ständige Zweifel angenagt.

Glücklich sind beide Partner in einer solchen Beziehung nur selten, aber die Gewöhnung aneinander, gemeinsame Kinder oder finanzielle Verpflichtungen – oder nur die verklärende Erinnerung an den berauschenden Anfang – halten das Paar zusammen, obwohl es längst keine stabile emotionale Basis mehr hat.

Die konflikt-orientierte Beziehung

In Partnerschaften muss man sich manchmal streiten, denn dadurch erfährt man etwas mehr voneinander.

Johann Wolfgang von Goethe

Paartherapeuten geben einer solchen Bindung nicht immer die besten Prognosen für eine lange Dauer, auch wenn der Volksmund abgeklärt diagnostiziert: »Pack schlägt sich,

Pack verträgt sich.« Von außen betrachtet, kann eine solche
Verbindung tatsächlich wie das reine Grauen wirken oder
wie ein unendlicher Sadomaso-Trip, und man fragt sich,
warum manche Menschen sich diesen ständigen Ärger überhaupt antun.

Eine Erklärung besteht darin, dass in einer er-
kalteten Beziehung, in der von der anfänglichen Nähe und
Begeisterung nicht mehr viel zu spüren ist, Streit, Ärger, Wut
(und manchmal sogar Hass) immerhin Gefühle sind, die beide Partner für einen Moment wieder stärker miteinander ver-
binden – auch wenn es fast ausschließlich negative Empfindungen sind, die gelegentlich eine gemeinsame Ebene er-
möglichen.

Streit signalisiert, dass man sich noch nicht völlig gleichgültig ist und nicht mal mehr die Kraft und Anteilnahme auf-
bringt, sich über den anderen zu ärgern und sich mit ihm
dann auseinanderzusetzen. Wenn eine zuvor intensiv laute
Beziehung plötzlich leise wird und niemand mehr mit der
Faust auf den Tisch haut oder die Schrankwand und den
Partner anbrüllt, ist die Beziehung vermutlich ernsthaft in
Gefahr, weil dann nicht mal mehr die gegenseitige Aggression verbindend wirken kann.

Die konflikt-vermeidende Beziehung

Es ist schwierig, den Frauen recht zu geben, denn mittlerweile
haben sie ihre Meinung vielleicht schon geändert.

Marcello Mastroianni

Solche Paare sind sich grundsätzlich einig, dass sie sich in
etlichen Punkten nicht einig sind –»*they agree to disagree*«.
Die Partner gehen Auseinandersetzungen und Streit trotzdem konsequent aus dem Weg.

Dieses Verhalten muss kein Zeichen der Resignation und inneren Abkehr sein, kann aber bedeuten, dass beide erkannt
haben, dass sie mit der bisherigen Form ihrer Auseinandersetzungen nicht weiterkommen, sondern sich nur immer
mehr und mehr in Sackgassen der Kommunikation verren-
nen und jeder Streit unbefriedigend endet. Beide erkennen,
dass es sich also nicht lohnt, mit dem Partner erneut und auf
gleiche Weise den Konflikt zu suchen, denn das wäre die
reine Energieverschwendung.

In der besten Ausprägung dieser Art von Beziehung herrscht
eine gewisse Weisheit vor: Man kennt sich und die Minenfelder der Partnerschaft genau und umgeht sie daher gewissenhaft. Es gibt allerdings auch weniger Interaktion und Engagement in vielen Bereichen, die sonst das tägliche Miteinander verschönern könnten. Beide Partner konzentrieren
sich lieber auf das, was sie auf der Habenseite verbuchen
können, und bestätigen sich im günstigen Fall, dass sie diese
oder jene Seite am anderen lieben und schätzen.

Solche Menschen können den Wert des anderen also durchaus erkennen – und akzeptieren notgedrungen den Rest nach

dem Motto:»*Nobody is perfect.*« Wer es geschickt anstellt, kann mit dieser Lebenseinstellung zu zweit – im Wortsinne: problemlos – alt werden. Dass die Temperatur in einer solchen Beziehung wohl etwas lauer ist und das Gefühlsleben der beiden Partner wenig Extreme kennt, muss man dafür allerdings in Kauf nehmen.

Die ehemals romantische Beziehung

> Wenn Sie die Bewunderung vieler Männer gegen die Kritik
> eines einzigen eintauschen wollen, dann los, heiraten Sie!
> *Katharine Hepburn*

Einst stand in einer solchen Partnerschaft die Leidenschaft im Vordergrund. Jede Minute wollten die frisch Verliebten miteinander verbringen, sich küssen, anfassen und liebkosen. Aber mit der Zeit ist die Begierde verraucht. Die Partner haben früher geglaubt, dass sie füreinander bestimmt waren und das Schicksal sie zusammengebracht haben muss, aber inzwischen sind sie längst von diesem Glauben abgefallen. Und fühlen können sie diese gegenseitige Bestimmung füreinander schon lange nicht mehr.

Womöglich ist bei solchen Paaren die körperliche Intimität und Zärtlichkeit in den ersten Jahren stärker ausgeprägt gewesen und hat auch länger angehalten als bei anderen. Aber wenn sich dann irgendwann einer von beiden nicht mehr so stark zum Partner hingezogen fühlt, ist da zunächst vor allem die große emotionale Leere. Es ist nicht leicht, einen neuen Mittelpunkt in solchen Beziehungen zu finden, aber es lohnt sich, das zu versuchen.

Die Rettungs-Beziehung

> Liebe ist nur dann von Dauer, wenn die Liebenden mehr Gemeinsamkeiten haben als die gegenseitige Zuneigung.
>
> *Walter Lippmann*

Tatütata. Solche Partnerschaften funktionieren anfangs nach dem Prinzip Notarzt. Wenn er oder sie am Boden zerstört ist, bieten Rettungs-Beziehungen Erste Hilfe nach vorausgegangenen Verletzungen und Enttäuschungen an. Doch wenn die alten Wunden verheilt sind, was bleibt dann noch übrig? Beginnen derartige Trost-Beziehungen direkt nachdem eine lange Partnerschaft auseinandergegangen ist, überstehen sie oft nur die erste Zeit des Übergangs, in der die Bedürfnisse des Verlassenen besonders groß sind.

Am Anfang sind solche Beziehungen zwar oftmals wunderbar und verzaubernd, da sie die gekränkte Seele wieder aufrichten und das angeknackste Selbstbewusstsein stärken. Aber auf Dauer ist es eine zu geringe Grundlage, dass man in schweren Stunden zufällig füreinander da war. Zudem sind selten beide Partner ähnlich schwer verletzt gewesen, und derjenige, der die Samariter-Rolle anfangs innehatte, wird in dieser Funktion irgendwann nicht mehr gebraucht. Dann zeigt sich, ob es noch andere Werte und Gefühle sind, die beide aneinander binden können.

Gelingt es nicht, mit der Zeit andere Inhalte als das Helfer-Opfer-Schema zu finden, wird die Beziehung nicht sehr stabil sein, sobald sich der einstmals verletzte Partner wieder gefestigt hat. Denn wer will auf Dauer schon zu seinem Partner eine ähnliche Beziehung haben wie zu seinem Therapeuten?

Die Kumpel-Beziehung

> Wenn Liebe in Freundschaft übergeht,
> kann sie nicht sehr groß gewesen sein.
> *Katharine Hepburn*

Hier steht die Freundschaft im Vordergrund und nicht die Leidenschaft. Eine solche Beziehung ist auch zwischen Geschwistern oder anderen nahen Verwandten möglich. Man kann sich keinen besseren Freund und Partner vorstellen, gemeinsame Aktivitäten prägen das Zusammenleben. Jeder von beiden weiß, dass er sich immer und unbedingt auf den anderen verlassen kann.

Gut und schön, aber von einer Liebesbeziehung erwarten viele Menschen eben doch mehr, als nur gemeinsam die Alpen mit dem Rad zu überqueren oder wunderbar zusammen backen zu können. Wenn beide damit einverstanden sind, kann eine solche Partnerschaft ewig halten – schwieriger wird es, wenn einer der Partner das Gefühl hat: Hier fehlt das gewisse Etwas.

Manche ehemals romantisch geprägten Liebesverbindungen gehen in eine Kumpel-Beziehung über, wenn die Leidenschaft nicht mehr vorhanden ist. Man harmoniert miteinander und kann sich bestens auf Reisen miteinander amüsieren und Sport und andere Unternehmungen zusammen starten. Aber manchmal keimt die Erinnerung an früher auf: Da war doch mal was! Und wo ist das bloß hin?

Die verlebte Beziehung

> Gewisse Ehen halten nur in der Weise zusammen
> wie ineinander verbissene Tiere.
>
> *Gerhart Hauptmann*

Diese Partnerschaft ist devitalisiert, innerlich tot. Eingegangen wie eine Topfpflanze, die nicht gegossen wurde. Da regt sich nichts mehr. Ehemals war sie von intensiven Gefühlen füreinander geprägt, von aufregendem Sex und tief empfundener Liebe. Doch nach und nach sind diese Emotionen verschüttet worden. Jetzt leben nur noch zwei Menschen getrennt nebeneinander her, mehr oder weniger apathisch in ihren Gefühlswüsten. Sie teilen sich manche Aufgaben, Zeit und Raum und nehmen vielleicht noch an Familienritualen teil, um den Schein zu wahren. Wer sie beispielsweise auf einem Fest erlebt, würde nicht auf die Idee kommen, dass er ein Paar vor sich hat.

Wenn sie ehrlich zueinander sind und es aussprechen würden, könnten sich die Menschen in einer solchen Beziehung eingestehen, dass sie emotional nichts mehr aneinander bindet und sie sich genauso gut auch trennen könnten. Gewohn-

heit, Bequemlichkeit und gemeinsame Verpflichtungen lassen die meisten dieser Paare aber schließlich doch ziemlich
lange zusammenbleiben. Allerdings besteht in solchen Partnerschaften höchste Explosionsgefahr – und zwar immer
dann, wenn sich einer von beiden im Alltagstrott daran erinnert, dass man in den ersten Spielminuten der Beziehung
einmal viel füreinander empfunden hat.

Den passenden Partner finden

Es ist die da, die da, die da, die da, die
Ist es die da? Hey, freitags ist sie nie da.

Die Fantastischen Vier

Es gehört zu den anspruchsvolleren Aufgaben im Leben, den richtigen Partner zu finden, ihn an sich zu binden und möglichst lange zu behalten. Viele Menschen sind damit überfordert, im ersten Überschwang der Hormonwallungen denjenigen oder diejenige zu identifizieren, die nicht nur aktuell zur/m leidenschaftlichen Geliebten taugen, sondern auch gute Eltern, loyale Kumpel und verlässliche Partner abgeben, mit denen man zudem noch auf Dauer glücklich werden kann. Manchmal schließt sich das geradezu aus – wer auf den ersten Blick (und für die erste Nacht) attraktiv erscheint, ist oft für die Mittel- und Langstrecke nicht geeignet und macht sich wieder aus dem Staub, sobald Alltag in die Beziehung eingekehrt ist und der Müll heruntergebracht werden muss.

Trotz Speed-Dating, Partnerbörsen im Internet und anderen avancierten Formen des Sich-Kennenlernens tragen Männer wie Frauen immer noch das evolutionäre Erbe der Steinzeit mit sich herum. Biologie ist zwar nicht alles im Leben, doch die Biologie bestimmt eben *auch* mit, wen wir wann attraktiv und begehrenswert finden und warum wir uns manchmal bedingungslos verlieren und andere Menschen uns kaltlassen. Unser Verhalten in Liebesdingen richtet sich bei aller romantischen Verklärung eben *auch* danach, wer eine stabile Partnerschaft und möglichst robuste und zahlreiche Nachkommen verheißt.

Über diese biologisch geprägten Eigenheiten kann man schmunzeln, wenn man sie bei sich oder im Bekanntenkreis entdeckt, man kann sich aber mithin bewusst machen, welchen Spielregeln die Partnerwahl zwar nicht bedingungslos unterworfen ist, aber eben doch folgt. Das soll der Liebe keineswegs ihren Zauber nehmen und sie keineswegs zu einer wissenschaftlich berechenbaren Formel werden lassen. Aber das Verständnis dafür, wer sich wie mit wem einlässt, das kann man auf diese Weise durchaus ein bisschen vertiefen.

Traumpaar: Unsicherer Mann und sichere Frau

> Für die Frau bedeutet Liebe Macht,
> für den Mann Unterwerfung.
>
> *Esther Vilar*

Die Suche nach Mr. oder Mrs. Perfect – damit fängt das Dilemma schon mal an. Wen bloß nehmen aus dem unüberschaubaren Angebot im großen Menschenzoo? »So viele Frauen, und so wenig Zeit«, wie ein französischer Macho-Sticker das Problem einst auf den Punkt gebracht hat. Und selbst wenn jemand gefunden ist und die Beziehung schon in erster Blüte steht: Woher soll man wissen, ob dies tatsächlich der richtige Mann oder die passende Frau fürs Leben ist und die Partnerschaft lange hält?

Vielleicht ist die Frau in den ersten Wochen ein Traum an Hingabe, Einfühlungsvermögen und Liebreiz – aber schon nach wenigen Monaten und erst recht im Familienalltag mit Kindern entwickelt sie sich zum zänkischen Hausdrachen. Und der charmante, sportliche Verführer, der ihr anfangs zuvorkommend jeden Wunsch von den Lippen abgelesen hat, verwandelt sich womöglich nach zwei, drei Jahren in den dickbauchigen, trägen Tyrannen, der unter der Woche fast nie zu Hause ist und am Wochenende vor dem Fernseher einschläft und in die Kissen furzt.

Zwei sichere, in sich ruhende und zufriedene Persönlichkeiten, die sich mögen, sich achten und aufmerksam miteinander umgehen, die sich aber gleichzeitig genügend Raum lassen und nicht beengen – so stellen sich viele Menschen wohl die ideale Mann-Frau-Kombination für eine stabile Beziehung vor. Eine solche Konstellation ist wahrscheinlich tatsächlich hilfreich für dauerhaftes Beziehungsglück. Aber man muss gar nicht den gefestigten, souveränen Partner finden, um zusammen alt zu werden. Im Gegenteil: Manchmal garantieren, wie gesagt, sogar vermeintliche Schwächen ein dauerhaftes Eheleben.

Wer silberne oder gar goldene Hochzeit feiern will, sollte sich vielleicht sogar gezielt einen unsicheren oder zumindest ambivalenten Partner zulegen. Einen, der ständig zögert und zweifelt. Einen, der Angst vor Entscheidungen hat. Seine Angst vor der Entscheidung, den anderen zu verlassen, ist dann nämlich so groß und die Zerrissenheit zwischen verschiedenen Möglichkeiten so quälend, dass eine Trennung für solche Menschen erst gar nicht in Frage kommt. Schlimmer als das sattsam bekannte Unglück ist für unsichere, zweifelnde Menschen nämlich die Angst vor einer neuen, gänzlich unbekannten Situation.

Dieser Befund gilt für Männer wie Frauen gleichermaßen.

Ängstliche, zögernde Frauen haben zwar früher das erste Mal Sex, und in jungen Jahren wechseln sie statistisch gesehen auch häufiger ihren Partner als selbstbewusste Frauen – weil sie die Unsicherheit in dieser Zeit der Suche immer wieder zu anderen Männern und zu noch mehr Bestätigung durch andere treibt. Sind sie jedoch einmal fester gebunden, trennen sich solche Frauen nur äußerst ungern wieder. Und Männer, die Konflikten gern aus dem Weg gehen und Entscheidungen meiden, sind sowieso ideal geeignet für dauerhafte Beziehungen.

Auf der Suche nach einer Formel für stabile Paarbeziehungen kommen Forscher daher nicht nur zu dem naheliegenden Schluss, dass gefestigte Menschen, die sich in ihrer Beziehung wohl und sicher gebunden fühlen, vermutlich recht lange zusammenbleiben werden.[1] (Sicherheit aus der Herkunftsfamilie ist schließlich ein bekannter »Schutzfaktor« für eine lange Ehe. Wer sich sicher gebunden fühlt, kann den Partner genauer wahrnehmen und auf ihn eingehen und stabilisiert damit wiederum die Bindung.) »Ein unsicherer Mann und eine sichere Frau – das ist oft ein ziemlich haltbares Paket«, sagt die Psychologin Julia Berkic vom bayerischen Staatsinstitut für Frühpädagogik.[2] »Vermeidende Männer haben naturgemäß ja eine große Scheu davor, zu flüchten und ihre Frauen zu verlassen.«

Größe zeigen

> Eine Frau, die wirklich verliebt ist,
> blickt auch dann zu ihrem Mann auf, wenn er kleiner ist.
>
> *Sophia Loren*

Wer lange mit seinem Partner zusammenbleiben will, sollte lang sein. Zumindest für Männer ist diese Äußerlichkeit hilfreich, denn entgegen anderslautenden Gerüchten: Größe zählt für Frauen eben doch. Groß gewachsene Männer haben eindeutig bessere Chancen bei den Frauen als ihre kleineren Geschlechtsgenossen. Dies belegen etliche Untersuchungen von Forschern.[3] So sind kinderlose Männer im Durchschnitt deutlich kleiner als jene Männer, die mindestens einmal Vater geworden sind. Auch unter Junggesellen finden sich überdurchschnittlich viele Männer von geringem Körperwuchs. Vielleicht enthält der englische Aphorismus eben doch mehr als ein Körnchen Wahrheit: »*Some men just have it all – they are good looking and tall.*«

Wissenschaftler haben festgestellt, dass große Männer jenseits der 1,90 Meter weitaus generöser sind als vertikal eher benachteiligte Herren. Wer groß ist, zweifelt außerdem weniger an der Treue seines Partners. Wer lang gewachsen ist, weiß schließlich, dass er im Mittel bessere Erfolgsaussichten bei den Frauen hat als jeder klein gewachsene Konkurrent und er sich daher nicht sorgen muss, plötzlich allein dazustehen. Große Männer gehen deswegen auch viel entspannter mit dem Gedanken an mögliche Rivalen um und belasten die Partnerschaft nicht mit ihren zermürbenden Zweifeln. Sie haben halt Größe. Aus dieser Großzügigkeit heraus halten die Beziehungen großer Männer zumeist länger als die ihrer kleineren Artgenossen.

Bei Frauen gibt es ebenfalls eine von der Wissenschaft berechnete optimale Beziehungsgröße. Es ist die mittlere Größe zwischen 1,68 und 1,76 Meter, die Damen besonders erfolgreich beim anderen Geschlecht sein lässt. Kein Wunder, denn es sind Frauen mit ebendiesen Maßen, die im statistischen Mittel am gesündesten sind und bleiben und die meisten und robusteren Kinder bekommen.[4] Kleinere Frauen haben hingegen ein größeres Risiko, dass ihre Kinder die ersten fünf Jahre nicht überleben – dies gilt besonders in den ärmeren Regionen der Welt.[5]

Größere Frauen sind womöglich aufgrund dieser gesundheitlichen Vorteile am wenigsten eifersüchtig und bleiben gelassen, selbst wenn er sich mal nach einer anderen umschaut. Mit einer Ausnahme: Ist die Konkurrentin erkennbar dominanter und kräftiger, werden auch mittelgroße Frauen leicht eifersüchtig, weil sie – so die Erklärung von Evolutionspsychologen – ahnen, dass sie dieser Rivalin im direkten Kampf körperlich unterlegen wären.

Ob und als wie bedroht eine Partnerschaft wahrgenommen wird, ist ebenfalls von der Größe abhängig. Kleine Männer sind weitaus eifersüchtiger als große. Das haben Forscher aus Spanien und den Niederlanden beschrieben, die mehr als 540 Frauen und Männer befragt hatten.[6] Dabei zeigte sich, dass Männer unter 1,70 Meter Körperlänge besonders argwöhnisch waren. Mit zunehmendem Körpermaß ließ die Eifersucht hingegen nach. Das ist verständlich, denn große Männer haben die besseren Erfolgsaussichten bei Frauen und können daher Konkurrenz gelassen ertragen, während

vertikal benachteiligte Männer mit aller Macht eine Frau
verteidigen – wenn sie denn mal eine erobert haben.

Suchen Sie die Nähe zu Blumenläden

Die Blume erweist sich als größerer Pionier eines neuen
Verhältnisses zwischen Welt und Seele, als wir ahnen.
Es gehen unvorstellbare Wirkungen von Gärten und Blumen aus.

Karl Foerster

Ich habe heute ein paar Blumen nicht gepflückt,

um dir ihr Leben zu schenken.

Christian Morgenstern

Dass es das Herz einer Frau öffnet, wenn ihr ein Mann Blumen schenkt, ist eine banale Erkenntnis, die sich Galane
schon seit Jahrhunderten zunutze machen. Ein Blumengruß
wirkt zuverlässig bei fast jeder Frau – auch wenn sich Männer immer wieder darüber wundern, wie verzaubert eine
Dame reagiert, wenn sie ein paar abgeschnittene Stängel
überreicht bekommt, die dem Untergang geweiht sind und
deren Blüten unweigerlich nach ein paar Tagen verwelkt
sein werden.

Es müssen gar nicht immer Rosen sein – Frauen reagieren
generell freundlicher, liebevoller, aufmerksamer und fühlen
sich zudem gemocht und geschmeichelt, wenn sie einen
Strauß duftender Blüten erhalten. Doch noch in anderer Hinsicht entfalten Blumen wundersame Wirkungen auf Frauen,

von denen die Männer nur profitieren können: So haben
französische Wissenschaftler beobachtet, dass Frauen eher
dazu bereit sind, einem charmanten unbekannten Mann ihre
Telefonnummer zu geben, wenn sich ein Blumenladen nur
in ihrer Nähe befindet.[7] Die bloße Nachbarschaft des Ge-
schäfts reicht. Sie brauchen dazu nicht einmal Blumen aus-
gehändigt bekommen.

Der Soziologe Nicolas Guéguen ließ für seine Studie einen
attraktiven zwanzigjährigen Mann in einer Shopping-Mall
junge Frauen in der Nähe verschiedener Geschäfte ansprechen. 600 Damen im Alter zwischen 18 und 25 Jahren fragte
der charmante Test-Mann nach ihrer Telefonnummer, nachdem er sie in eine kurze Plauderei verwickelt hatte. Die
Frauen wurden ganz gezielt entweder vor einer Konditorei,
vor einem Schuhgeschäft für Damen – oder eben vor einem
Blumenladen von dem Unbekannten umworben. Befanden
sie sich in der Nähe von Rosen, Tulpen und Nelken, waren
weitaus mehr von ihnen bereit, ihre Nummer herauszurü-
cken und sie dem Fremden zu überlassen. In den fruchtbaren
Tagen vor dem Eisprung steigt die Bereitschaft der Frauen
ebenfalls, ihre Telefonnummer zu verraten, wenn sie von einem Unbekannten angesprochen werden, wie Guéguen in
einem früheren Experiment gezeigt hatte.[8]
Die positive, gelöste Stimmung durch die Blumenpracht
veranlasste die Frauen offenbar dazu, sich dem fremden
Mann gegenüber so freigiebig zu zeigen. Die Formel »Lasst
Blumen sprechen« wirkt daher offenbar nicht nur zur Auffri-
schung bereits bestehender Beziehungen, sondern sie taugt
sogar zur zwanglosen Anbahnung neuer Bekanntschaften.

Bereit zum One-Night-Stand?

> Wann kapiert ihr das endlich?
> Was ist der Unterschied zwischen meinem Leben und einem Porno?
> Mein Leben ist besser ausgeleuchtet.
>
> *How I Met Your Mother*

Das Leben kann so einfach sein, wenn man ein paar gut abgehangene Vorurteile pflegt. Als da wären zum Beispiel: Männer sind leicht zu verführen und lassen sich von der Erstbesten ins Bett locken. Schließlich ist das Trachten und Streben eines Mannes nur auf Sex ausgerichtet. Oder das hier: Frauen hingegen sind weitaus wählerischer und nicht so leicht herumzukriegen. Diese Klischees entsprechen dem Geschlechterverständnis in vielen Ländern und wurden auch von der Wissenschaft scheinbar eindrucksvoll bestätigt. Besonders auf eine Studie aus dem Jahr 1989 berufen sich Forscher immer wieder.[9] Damals hatten Psychologen auf einem Universitäts-Campus zweiundzwanzigjährige Studierende als Mitarbeiter gewonnen, die wildfremde Kommilitonen ansprachen und sie entweder fragten, ob sie heute Abend mit ihnen ausgehen würden, heute Abend in ihr Appartement kommen oder gleich die Nacht mit ihnen verbringen wollten. Während fast zwei Drittel der Männer spontan auf eine der drei Offerten eingingen, die ihnen von einer Unbekannten entgegengebracht wurden, waren nur etwa 20 Prozent der Frauen bereit, sich überhaupt auf den Vorschlag eines fremden Mannes einzulassen. Sie stimmten allenfalls einer Verabredung zu, aber niemals einem »Hausbesuch«. Unter den Männern waren hingegen sogar mehr Befragte dazu bereit, in die Wohnung der fremden Frau zu kommen oder Sex mit ihr zu haben, als sich »nur« abends mit ihr zum Ausgehen zu verabreden.

Manche Männer antworteten auf die Sex-Offerte sogar mit noch direkteren Vorschlägen, etwa: »Warum sollen wir denn bis heute Abend warten?« Oder: »Heute klappt es bei mir nicht, aber morgen wäre ganz prima.« Von den Frauen ließ sich hingegen keine einzige darauf ein, mit einem fremden Mann die Nacht zu verbringen. Sie fragten die Unbekannten vielmehr entrüstet, ob sie noch ganz normal seien, oder wiesen sie auf andere Weise schroff ab.

Das Ergebnis dieser Untersuchung schien die traditionelle Auffassung vom Rollenverständnis zu bestätigen und wurde immer wieder zitiert, um zu zeigen, wie wahllos Männer ihre Keimzellen verteilen würden, wenn sie nur die Gelegenheit dazu hätten. Für Frauen hingegen zähle hauptsächlich die Qualität – nach dem Motto: »Männer wollen Sex, Frauen wollen Liebe.« Allerdings ist es so einfach wohl doch nicht mit den Vorlieben der Geschlechter. Auch Frauen wären zu einem spontanen Abenteuer bereit. Für sie käme es aber vielmehr darauf an, von welchem Mann sie gefragt werden, ob sie die Nacht mit ihm verbringen wollen, behauptet beispielsweise die Psychologin Terri Conley. Wenn der Unbekannte nur attraktiv genug ist, sind auch Frauen erstaunlich schnell entschieden, sich auf einen One-Night-Stand einzulassen.[10]

Unterstützt wird diese Vermutung durch verschiedene neue Befunde. Demnach reizt Frauen Gelegenheitssex schon, aber eben nur mit besonders faszinierenden Männern.[11] Mehr als 400 männliche und mehr als 400 weibliche Studierende aus Deutschland, Italien und den USA wurden in einer Untersuchung befragt, ob sie mit einer fremden Person ausgehen, mit aufs Zimmer oder sogar schlafen würden, wenn sie unverhofft das Angebot erhielten. Die Offerte kam von Männern und Frauen, die als »wenig attraktiv«, »mäßig attraktiv« oder »außergewöhnlich attraktiv« eingeschätzt wurden. »Für Männer, die an einem sexuellen Abenteuer interessiert sind, ist die Attraktivität einer Frau weniger wichtig, wenn auch nicht völlig uninteressant«, sagt Achim Schützwohl, der die Untersuchung geleitet hat. »Frauen hingegen legen wesentlich höhere Maßstäbe an und sind eher geneigt, sich auf ein sexuelles Abenteuer mit einem außergewöhnlich attraktiven Mann einzulassen, als mit einem weniger attraktiven Mann.«

Interessant waren auch die kulturellen Unterschiede. Deutsche Männer erklärten sich insgesamt deutlich seltener dazu bereit, in die Wohnung einer fremden Frau mitzugehen, als italienische oder gar amerikanische Männer. Italienische Männer hatten zudem am wenigsten Hemmungen, gleich das Angebot anzunehmen, mit einer unbekannten Frau zu schlafen. Amerikanische Männer waren in dieser Hinsicht etwas zögerlicher, aber wiederum auch nicht so zurückhaltend wie die deutschen Männer.

Terri Conley hatte auf ähnliche Weise untersucht, wie junge Männer und Frauen auf die Offerte zu spontanem Sex reagieren, allerdings bezog sich hier der Gradmesser des Reizes auf berühmte Zeitgenossen. Die Studie von 1989 durfte Conley aus ethischen (!) Gründen nicht wiederholen, daher erfragte sie bei einer großen Gruppe Freiwilliger, wie Männer und Frauen auf die Angebote von attraktiven Prominenten

reagieren würden. Dabei zeigte sich, dass die Frauen häufig
sehr wohl dazu bereit waren, sich auf einen Fremden einzulassen – allerdings nur, wenn es sich dabei um einen mindestens so attraktiven Mann wie Johnny Depp handelte.
Eine entsprechende Einladung des Multimilliardärs Donald
Trump würden sie hingegen ausschlagen, obwohl Frauen ja
immer wieder unterstellt wird, dass es ihnen – bewusst oder
unbewusst – darum geht, von einem möglichst wohlhabenden oder mächtigen Mann versorgt zu werden. Dass die
Männer bei der Vorstellung, von Angelina Jolie ein eindeuti-
ges Angebot zu bekommen, meistens nicht nein sagten (und
es bei einer vergleichsweise wenig attraktiven Talkshow-
Gastgeberin negierten), ergab die Untersuchung ebenfalls.
Überraschenderweise stimmten die Frauen genauso häufig
zu, sich von Johnny Depp abschleppen zu lassen, wie die
Männer von Frau Jolie.

»Man kann sich ja eigentlich kaum jemand Besseren als Donald Trump vorstellen, der sich mit seinen enormen Ressourcen um eine Frau und ihre Kinder kümmern kann; doch
die Frauen in der Untersuchung haben ihn mehrheitlich ab-
gelehnt«, sagt Conley. »Es geht wohl doch nicht allein um
die besten Qualitäten als Versorger.« Möglicherweise sei die
Aussicht auf eine Nacht mit Johnny Depp für etliche Frauen
hingegen so vielversprechend, dass sie darüber auch das gesellschaftliche Gebot überwinden würden, nicht so einfach
zu haben zu sein, und sofort damit einverstanden seien, sich
abschleppen zu lassen.

Wahrscheinlicher ist für Conley aber, dass es für die Frau
vor allem darauf ankomme, ob sie Lust und Vergnügen von
dem Rendezvous erwarten kann und wie viel Spaß ihr das

bringt. Schließlich kämen Männer beim Sex meistens auf ihre Kosten, für Frauen sei das hingegen längst nicht immer der Fall, nur 35 Prozent hätten regelmäßig einen Orgasmus. »Wenn Frauen das Gefühl haben, dass sie guten Sex kriegen, lassen sie sich auch auf ein spontanes Treffen ein«, davon ist Conley überzeugt. »Frauen wollen auch ihren Spaß haben, aber viele gesellschaftliche Einflüsse hindern sie daran.«

Schmetterlinge im Bauch

> Liebe muss, wenn sie echt sein soll,
> das Herz entfesseln, alle Nerven zum Zerreißen spannen
> und den Verstand verwirren.
>
> *Guy de Maupassant*

Es muss schon ordentlich kribbeln, wenn einem der Mann oder die Frau fürs Leben begegnet. Nervosität, Sprachstörungen, flaues Gefühl im Magen, weiche Knie – das volle Programm. Manche Forscher vergleichen das Stadium der akuten Verliebtheit ja sogar mit einer milden Psychose. Auch wenn nicht immer der Wahnsinn drohen muss: Ohne die berühmten Schmetterlinge im Bauch steht eine Liebesbeziehung von Anfang an unter keinem guten Stern und hat wenig Aussicht, lange zu halten. Wie sehr die Reaktionen des Körpers tatsächlich anzeigen, dass es sich um den Richtigen oder die Richtige handelt, haben Wissenschaftler der Universität Groningen gezeigt. Nur wenn der potenzielle Part-

ner umwerfend attraktiv gefunden wird, läuft die Stressreaktion auf Hochtouren.[12]
Die Forscher hatten untersucht, wie sich der Cortisol-Spiegel verändert, wenn junge Männer kurzen Kontakt mit anderen jungen Männern oder jungen Frauen haben. Cortisol ist neben Adrenalin und Noradrenalin das wichtigste Stresshormon im Körper. Es fungiert als eine Art körpereigene Alarmanlage und bereitet den Körper automatisch auf Kampf oder Flucht vor – oder zumindest auf erhöhte Aufmerksamkeit und Anspannung. Steigt das Cortisol an, laufen Herz, Kreislauf, Atmung und Stoffwechsel auf Hochtouren. Die Muskeln sind angespannt, die Sinne geschärft, und die Verdauung wird eingestellt, um die volle Konzentration auf den gegenwärtigen Augenblick zu richten.
Im Versuch der niederländischen Forscher hatten 84 Freiwillige für einen kurzen Moment Kontakt zu anderen Männern oder Frauen. Begegneten die Männer einem anderen Mann, sank ihr Cortisol immer weiter ab, so wie es für die Hormonkonzentration im Tagesverlauf üblich ist. Ein solches Treffen berührte sie nicht besonders, von Aufregung keine Spur. Hatten sie hingegen Kontakt zu einer Frau, senkte sich der Cortisol-Spiegel bei weitem nicht so stark ab, wie es zu erwarten gewesen wäre. Fanden die Männer die Dame besonders attraktiv, erhöhte sich die Cortisol-Konzentration sogar, und der Körper reagierte mit erhöhter Aufmerksamkeit und einer gewissen Anspannung.
Frauen sind für Männer also nur dann mit Stress verbunden, wenn die Frauen als attraktiv und aufregend empfunden werden. Dann aktiviert der Mann sein volles Programm, will aufmerksam und mit wachen Sinnen alles mitbekommen,

um seinerseits interessant zu wirken, gegebenenfalls den Kontakt zu vertiefen und die Dame für sich einzunehmen.

Sind Männer von einer Frau gestresst, mit der sie schon eine Weile zusammen sind, muss man das daher nicht als Abnutzungserscheinung im Geschlechterkampf verstehen, sondern womöglich gar als ein gutes Zeichen: Es kann nur bedeuten, dass sie ihm noch immer ziemlich wichtig ist und er sie aufregend findet.

Einander riechen können

> Aber du und dein Duft, das ist wie eine Droge für mich ...
> wie meine ganz persönliche Droge.
> *Twilight – Bis(s) zum Morgengrauen*

Ein guter Test darauf, ob eine Bindung zwischen Mann und Frau haltbar ist, findet bei jedem Treffen statt und erfolgt unbewusst bereits in den ersten Momenten der Kontaktanbahnung: Wer sich nahekommen und es bleiben will, muss einander riechen können.

Das klingt banal, aber dieser Aspekt des Miteinanders ist im Wortsinne entscheidend, denn wer sich gern riechen mag, bleibt auch länger beieinander. Evolutionär ist dieses Auswahlkriterium äußerst sinnvoll, denn ein als attraktiv empfundener Geruch weist darauf hin, dass der potenzielle Partner ein deutlich anderes Immunsystem hat. Tun sich zwei Menschen zusammen, die sich gut riechen können, bedeutet dies, dass sich ihre Abwehrsysteme in den gemeinsamen

Nachkommen mischen und diese daher widerstandsfähiger gegen diverse Keime wären.[13] Gegensätze ziehen sich an. Diese Volksweisheit bezieht sich aber nicht nur auf unterschiedliche Charaktere, sondern eben auch auf die physiologischen Eigenheiten der Menschen. So wird die persönliche Duftnote des anderen eben als besonders attraktiv empfunden, wenn sie sich von der eigenen deutlich unterscheidet.[14] Man kann sich dann besonders gut riechen, wenn man sich – zumindest aus olfaktorischer Sicht – möglichst fremd ist. Ist der Geruch dem eigenen ähnlich, wird er als unattraktiv empfunden.

Der Grund für diese Bevorzugung des nicht Geläufigen ist rein biochemischer Natur: Über die Haut dringen chemische Duftstoffe nach außen, die bei jedem Menschen unterschiedlich sind und die auch als sexuelle Lockstoffe fungieren – natürlich nur, wenn man sich mag. In einigen afrikanischen Stammesgesellschaften beschnuppern sich Männer und Frauen, die sich füreinander interessieren, gegenseitig unter den Achseln und im Schritt des anderen; also an jenen Stellen, an denen besonders viel Schweiß und Duftsekrete abgegeben werden. Gefällt das Odeur, kann man sich näherkommen.

Auch unter den eingeborenen Stammesgesellschaften der Bayern waren Schweißtücher noch in der ersten Hälfte des 20. Jahrhunderts auf ländlichen Festen sehr beliebt. Wenn er während des Schuhplattlers oder eines anderen Volkstanzes so richtig erhitzt war, zog der Mann sein Tuch unter der Achsel entlang und wirbelte es in der Luft herum, damit etwaige Interessentinnen zum Dufttest antanzen und daran schnüffeln konnten. Sich erst mal zu »beschnuppern«, bevor man sich aufeinander einlässt, hat daher nicht nur für die Tierwelt Bedeutung, sondern auch beim Menschen.

Die Zusammensetzung der sogenannten Pheromone, wie die Sexuallockstoffe genannt werden, ist weitgehend durch die Erbanlagen bestimmt und steht also in enger Beziehung zum eigenen Abwehrsystem. Bedauerlicherweise können sich der Hormonstatus und damit der Eigengeruch von Männern wie Frauen mit den Jahren erheblich verändern. Warum das so ist, welche Faktoren dazu beitragen, in welche Richtung die Duftnote sich entwickelt und wie dem eventuell entgegengesteuert werden kann, ist bisher allerdings noch nicht in allen Details bekannt.

Kann sie ihn – oder er sie – nach langen Jahren der Beziehung nicht mehr riechen, ist das jedenfalls ein frühes und deutliches Alarmzeichen. Dann vergeht nicht nur die Lust auf Intimitäten, sondern die Abneigung kann so weit gehen, dass sie zu einer baldigen Trennung führt, auch wenn die Waffen im Zerrüttungskampf noch gar nicht geschärft worden sind.

Der männliche Blick – Figur oder Gesicht?

> Die Männer beteuern immer, sie lieben die innere Schönheit der Frau – komischerweise gucken sie aber ganz woanders hin.
>
> *Marlene Dietrich*

Legt es eine Frau auf eine kurze Affäre an, sollte sie ihren Körper regelmäßig im Fitnessstudio stählen. Sucht sie hingegen den Mann fürs Leben oder wenigstens eine dauerhafte

Beziehung, ist ein attraktives, ebenmäßiges Gesicht viel
wichtiger als knackige Rundungen. Denn der männliche
Blick konzentriert sich auf unterschiedliche Körperregionen,
je nachdem welchem Jagdmuster der Mann gerade folgt. Es
geht ihm keineswegs nur um ihre offensichtlichen Reize,
wie gern unterstellt wird.

Dem gängigen Vorurteil zufolge haben Männer zwar bei
Frauen hauptsächlich die typischen Zielregionen der Pro-
blemzonengymnastik im Blick: Bauch, Beine, Po – und zusätzlich noch die Beschaffenheit von Oberweite und De-
kolleté. Für Männer, die auf eine dauerhafte Beziehung
Wert legen, trifft dies jedoch viel weniger zu als auf Frauen,
die ebenso den Körper wie das Gesicht eines möglichen
Partners in Augenschein nehmen. Männern sind die Gesichtszüge der potenziellen Partnerin nämlich weitaus wichtiger, wie Psychologen der University of Texas beobachtet
haben.[15]

Die Wissenschaftler legten 375 männlichen wie weiblichen
Studierenden Fotos vor, auf denen entweder nur der Kopf
oder nur der Körper von Unbekannten des anderen Geschlechts gesehen werden konnten. Welche Partien sie einse-
hen wollten, entschieden die Versuchsteilnehmer selbst: Die
Studenten konnten dazu entweder die »face box« entfernen
lassen und so das Gesicht studieren – oder die »body box«
verschwand, so dass der angezogene Körper sichtbar war.
Bevor sie ihre Wahl für die Körperregion trafen, die sie betrachten wollten, sollten sie sich jedoch festlegen, ob sie auf
der Suche nach einer kurzfristigen Affäre oder nach einem
dauerhaften Partner waren.
Von jenen männlichen Probanden, die an einer langfristigen

Beziehung interessiert waren, wollten nur 25 Prozent die Körperansicht der Frauen studieren. Unter denen, die es nur auf einen kurzen Kontakt anlegten, jedoch immerhin 51 Prozent. Während bei den Männern der Unterschied recht eindeutig ausfiel, ließ sich bei den Frauen keine klare Präferenz ausmachen. Sie schauten ähnlich häufig auf den Kopf wie auf den Körper der Männer, egal ob sie auf ein schnelles Treffen oder eher auf die Langzeitbeziehung aus waren.

Jaime Confer, die Autorin der Studie, erklärt die überraschend eindeutigen Neigungen der Männer rein biologisch: Demnach haben diverse Untersuchungen gezeigt, dass sich die Körperrundungen einer Frau während des Zyklus und in verschiedenen Altersphasen verändern, je nachdem wie fruchtbar sie gerade ist. Im Gesicht spiegele sich hingen eher der langfristige »reproduktive Wert« einer Frau wider: Symmetrische Gesichtszüge, ebenmäßige Haut und ein gesundes Aussehen sprechen für eine robuste Konstitution – und damit dafür, dass diese Frau viele gesunde Kinder zur Welt bringen könnte.

Sogar eine gleichmäßig rosige Gesichtsfarbe ist ein wichtiger Hinweis auf das Alter und die Attraktivität einer Frau und ein Merkmal, ob sie noch zahlreichem Nachwuchs das Leben schenken kann. Womöglich ist die Farbe sogar noch wichtiger als die Symmetrie des Gesichts. Denn je älter ein Mensch ist – und für Frauen bedeutet höheres Alter eben auch weniger Fruchtbarkeit –, desto inhomogener erscheint ihre Gesichtsfärbung.[16]

»Die Prioritäten der Männer wechseln abhängig davon, was sie von einer Frau wollen«, sagt Confer. »Und die Gesichtszüge werden eben dann wichtiger, wenn eine langfristige

Beziehung das Ziel ist. Schließlich ist die Partnersuche ein zentraler Antrieb für die natürliche Auswahl.«

Er schaut genauer hin

Denk dran, Männer können besser sehen als denken. Ein ordentlicher Ausschnitt sorgt besser für die Zukunft eines Mädchens als die gesamte Encyclopædia Britannica.

Glut unter der Asche

Die Frauen machen sich nur deshalb so hübsch, weil das Auge des Mannes besser entwickelt ist als sein Verstand.

Doris Day

Was wird den Männern nicht alles angedichtet! Dass sie oberflächlich sind, einen Tunnelblick haben und nicht mal größere Veränderungen ihrer Umgebung bemerken wie beispielsweise ein neu eingerichtetes Wohnzimmer oder eine frisch gestrichene Wand. Sogar wenn sie beim Friseur war, muss die Frau ihn erst darauf hinweisen, weil er es sonst übersehen hätte. So weit das Klischee.

Alles Unfug. Denn tatsächlich sind Männer die weitaus genaueren Beobachter. Sie haben den besseren Blick für kleine, feine Details wie auch für schnelle Bewegungen.[17] In einer Reihe verschiedener Sehtests an jungen Erwachsenen schnitten die Männer jedenfalls deutlich besser ab, wenn es darum ging, visuell geringfügige Veränderungen zu erfassen oder genau zu erkennen, was sich auf den gezeigten Bildern abspielte. Auch in der Anpassung an schnell wechselnde Kontraste von hell und dunkel, wie sie etwa in einer Bar möglich sind, in der das Licht an- und ausgeschaltet wird, waren sie den Frauen spürbar überlegen. Frauen hatten lediglich dann geringe Vorteile, wenn es darum ging, die Nuancen einer Farbpalette zu unterscheiden.

Die Geschlechtsunterschiede in der Sehfertigkeit beruhen womöglich darauf, dass Männer über mehr Andockstellen für Androgene wie Testosteron in bestimmten Hirnregionen verfügen. Diese männlichen Hormone steuern während der Embryonalzeit die Entwicklung der Nervenzellen im Sehzentrum des Gehirns, wo sich bei Männern bis zu 25 Prozent mehr dieser spezialisierten Neuronen befinden als bei Frauen.

Zudem ist der kleine Unterschied in den optischen Fähigkeiten auch evolutionär sinnvoll gewesen, vermuten die Forscher: In den frühen Stammesgesellschaften der Jäger und Sammler war es lebenswichtig für Männer, sowohl die Beute als auch eventuelle Feinde möglichst schnell und genau zu erkennen. Die leichten Vorteile der Frauen, die Farbnuancen besser unterscheiden konnten, sind wahrscheinlich dadurch zu erklären, dass sie in der Steinzeit erkennen mussten, ob Früchte schon reif oder sonstige Lebensmittel noch nicht verdorben waren.

Ihre Aufmerksamkeit bekommen

»Du weißt, dass du ein gestreiftes Hemd
mit einer gestreiften Krawatte trägst, das weißt du, oder?«
»Ja, ich mache das für die Frauen.«
»Oh. Und haben dir die Frauen schon mal gesagt,
dass du wie eine grauenhafte optische Täuschung wirkst?«
25 Stunden

Alle Männer sind gleich, bis auf den,
den man gerade kennengelernt hat.
Mae West

Frauen gelten als weitaus wählerischer als Männer, wenn es
darum geht, den richtigen Partner zu finden. Einer populären
Erklärung zufolge hat das einen Grund in der unterschiedlichen Biologie: Frauen haben schließlich nur eine begrenzte
Zahl an Eizellen zur Fortpflanzung zur Verfügung, während
der Mann überall und nahezu unbegrenzt seine Keimzellen
verteilen kann.

Die Frauen sind es aus diesem Grunde auch, die schon innerhalb der ersten zehn Minuten – und manchmal sofort
nach dem anfänglichen Blickkontakt – darüber entscheiden,
ob der Mann, der um ihre Aufmerksamkeit buhlt, überhaupt
in die engere Wahl kommt.[18] Sie kontrollieren ganz klar das
Geschehen und geben ihm spätestens nach vier Minuten zu
verstehen, ob es sich lohnt, weiter um sie zu werben oder
nicht.

Doch auf welche seiner Signale Frauen tatsächlich in einer
Umgebung achten, in der sie einen Mann kennenlernen kön-

nen, ist bisher wenig bekannt. Welche Verhaltensmuster eines
Mannes bringen eine Frau dazu, sich für den bisher Unbekannten zu entscheiden – oder zumindest den ersten Kontakt
überhaupt zuzulassen? Wissenschaftler um den österreichi-
schen Verhaltensforscher Karl Grammer haben faszinierende
Untersuchungen dazu unternommen. Ihr bevorzugtes For-
schungsgebiet sind die Balzplätze junger Menschen: Disko-
theken, Bars und Restaurants.

In Bars ließ sich beispielsweise beobachten, dass Männer
die später erfolgreich mit einer Frau in Kontakt kamen, zuvor eine bestimmte Körpersprache gezeigt hatten.[19] Man
kann ihr Verhalten vereinfachend als raumgreifende Selbstdarstellung beschreiben – und den Frauen gefiel dieses of-
fensive Balzverhalten offenbar.

Männer, die erfolgreich in der Kontaktanbahnung waren,
zeigten ebenso deutlich mehr Bewegungen, die nach außen
gerichtet waren, Showcharakter hatten, auffielen und die viel
Raum einnahmen. So breiteten diese Männer beispielsweise
häufiger die Arme aus, saßen breitbeiniger da oder richteten
sich im Gespräch auf. Sie berührten verstärkt die Freunde
oder Kollegen, mit denen sie zusammen an der Bar saßen,
und auch sich selbst. Man muss sich also einen herumfuch-
telnden Selbstdarsteller vorstellen, der ständig seine Freunde und Bekannten anfasst, wenn man wissen will, was Frau-
en wollen.

Kleinteilige, scheue Bewegungen führten hingegen eher
jene Männer aus, die später nicht mit einer Frau Kontakt hatten. Wer sich nicht produziert, hat offenbar weniger Chancen
bei fremden Damen. Waren keine Frauen im Raum, spielten
sich die Männer übrigens weitaus weniger auf diese Weise

auf; dann war ihr Verhalten erkennbar zurückhaltender. Offenbar ahnen viele Männer instinktiv, welche Form der Selbstdarstellung Frauen besonders interessant finden – und wann sie sich wie ein Gockel zu präsentieren haben.

Achten Sie auf die Bewegungen einer Frau

Das niedrig gewachsene, schmalschultrige, breithüftige und kurzbeinige Geschlecht das Schöne zu nennen, konnte nur der vom Geschlechtstrieb umnebelte männliche Intellekt fertigbringen.

Arthur Schopenhauer

Ob eine Frau sich womöglich gerade mit dem Gedanken an Fortpflanzung trägt oder mit dem Kopf ganz woanders ist, lässt sich für Männer mit geschultem Blick an ihrem Gang ablesen. In den fruchtbaren Tagen vor dem Eisprung gehen Frauen nämlich langsamer und mit ausladenden Hüftbewegungen vor Männern her, was gemeinhin als sexy empfunden wird. Zu diesem Ergebnis gelangten französische Wissenschaftler, die das typische Gehverhalten von Frauen über längere Zeit beobachteten.[20]

Der in dieser Art von Forschung notorische Soziologe Nicolas Guéguen von der Université de Bretagne-Sud in Lorient hatte mit Hilfe versteckter Kameras den Gang von Frauen aufgezeichnet, die sich vor Männern bewegten, die ihnen unbekannt waren. Über eine definierte Wegstrecke wurde die Zeit gemessen, welche die Frauen vor dem Mann zurücklegten, und zudem das Bewegungsmuster analysiert.

Dabei zeigte sich, dass sich Frauen an ihren fruchtbaren Tagen langsamer bewegten und länger vor den Männern herstolzierten. Zudem bewerteten unabhängige Juroren anhand der Filmaufnahmen, wie attraktiv sich die Frauen bewegten. Auch hier ergab die Auswertung, dass Frauen umso mehr die Hüften kreisen ließen – und entsprechend sexy erschienen, wenn der Eisprung nahte. Guéguen und sein Team werten dieses Verhalten als unbewusstes Signal der Frauen, um mehr Männer auf sich aufmerksam zu machen – und daher mehr Auswahl bei der Partnerwahl zu haben.

Das Stöckelschuh-Syndrom

Liebe ist wie ein Verkehrsunfall. Man wird angefahren und fällt um.

Entweder überlebt man – oder nicht.

Juliette Gréco

Elegante, hochhackige Schuhe können Frauen um den Verstand und das Vermögen bringen – und manche sogar um die Gesundheit. Aber das ist nun mal der Preis dafür, dass die Beine unendlich lang wirken, das Becken nach vorne geschoben werden muss, eine andere Neigung hat und dadurch das Gesäß anders – viele Männer würden sagen: deutlich besser – zur Geltung kommt. Die Betonung auf den Glutaeus maximus, wie der große Gesäßmuskel heißt, führt dazu, dass der Gang »weiblicher« wirkt, denn ohne ausladende Balancebewegungen würden Frauen auf den hohen Absätzen umkippen. Aber was tun sie nicht alles, um attraktiver zu erscheinen.

Zwar drohen Rückenschmerzen, Hüftbeschwerden, Fehlstellungen des Knies und Sturzverletzungen, wenn Frauen auf skisprungschanzenförmig gebogenen Sohlen herumstaksen wie ein neugeborenes Zebra. Bei besonders hohen Absätzen knickt das Sprunggelenk leichter um, und der ganze Mensch fällt eher hin. Schmerzen drohen allerdings auch beim Ausziehen, weil der Bewegungsapparat gar nicht mehr an den Gang auf der flachen Fußsohle gewohnt ist. Aber der Erfolg beim anderen Geschlecht stellt sich zweifelsohne ein, wenn der Hüftschwung ausgeprägt genug ist.[21] Die Qual lohnt sich also.

In den fünfziger Jahren haben Sekretärinnen erstmals davon berichtet, dass ihre Füße und Beine schmerzten, wenn sie nach einem langen Tag die Stöckelschuhe ablegten und ungewohnt erdverbunden auf flachem Untergrund ohne Absatz herumliefen. Forscher aus Manchester und Wien haben jedoch erst vor kurzem untersucht, was sich an den Beinen verändert, wenn Frauen regelmäßig mörderische Stilettos tragen. Die Wissenschaftler um den italienischen Physiologen Marco Narici entdeckten, dass sich besonders die Achillessehne anpasst, wenn Frauen langjährig hohe Absätze tragen.[22]

Ursprünglich nahmen Mediziner an, dass sich die Wadenmuskeln verkürzen, wenn die Ferse ständig sechs, acht oder gar zwölf Zentimeter über dem Niveau der Zehenballen erhöht ist. Dies war aber nicht der Fall, wie Ultraschall- und Kernspinaufnahmen an freiwilligen Teilnehmerinnen zeigten – die eine Gruppe trug seit Jahren regelmäßig hohe Absätze, die andere lief zumeist in flachen Schuhen herum. »Wir hatten bei den Stilettoträgerinnen ein geringeres Muskelvolumen erwartet, da sich der Muskel häufig in einer verkürzten Position befindet«, sagt Narici. Der Muskel war insgesamt allerdings nicht kürzer geworden. Nur die Länge der mikroskopisch kleinen Muskelfasern und -fibrillen hatte sich um immerhin 13 Prozent reduziert.

Die größten Veränderungen im Körper finden vielmehr im Bereich der Achillessehne statt, mit der die Wadenmuskeln an der Ferse fixiert sind. Die kräftige Sehne wird mit der Zeit dicker und steifer, wenn Frauen häufig High Heels tragen. Dadurch kann zwar der Muskel beim Gehen besser funktionieren, doch barfuß oder in flachen Schuhen treten schnell Beschwerden auf. Das zähe Gewebe kann dann nur wenig nachgeben und die Sehne sich nicht ausreichend dehnen. Wird sie trotzdem gestreckt, tut das empfindlich weh.

Für Frauen, die auf den gewissen Hüftschwung Wert legen, bedeutet dies, dass sie die hochhackigen Monster so lange anbehalten sollten, wie sie noch auf Partnersuche sind. Das suggeriert, dass sie selbstbewusst weiblich und attraktiv sind. Weltweit finden schließlich Modemacher und Männer Gefallen an der Selbstverstümmelung der Frau. Ähnlich wie asiatische Machos in Wallung gerieten, wenn sie die zusammengebundenen Füße chinesischer Frauen sahen, scheint es Männer rund um den Globus zu erregen, wenn Frauen Schuhe tragen, in denen sie kaum gehen und erst recht nicht weglaufen können. Barfuß gehen ist für Frauen erst wieder ratsam, wenn der Mann fürs Leben gefunden wurde – oder sie dafür trainieren müssen, ihm bald wieder zu entfliehen.

Farbe zeigen

Aus dem Bewusstsein, gut angezogen zu sein, empfängt
eine Frau mehr innere Ruhe als aus religiösen Überzeugungen.

Ralph Waldo Emerson

Rot ist die Farbe der Liebe, der Leidenschaft und der Erotik – aber ebenso die von Wut und Zorn. Insofern sind nicht nur positive Gefühle damit verbunden, selbst wenn Rot als Signal des Lebens und des Blutes als warme, zugewandte Farbe gilt. Offenbar stimuliert die Farbe Rot verschiedene Formen der Zuneigung. Jedenfalls bekommen junge Kellnerinnen deutlich häufiger Trinkgeld von ihren männlichen Kunden – und durchschnittlich eine höhere Summe –, wenn sie rote Kleidung tragen.[23] Vielleicht, weil Rot neben vielen anderen Assoziationen eben auch als Farbe der Sünde angesehen wird.

In einer entsprechenden Untersuchung stieg die Summe des Trinkgeldes um 14,6 bis 26,1 Prozent bei insgesamt 418 männlichen Gästen, wenn die Damen, die sie bedienten, ein rotes Oberteil trugen. Andere Kleidungsfarben machten hingegen keinen Unterschied. Die Wirkung beschränkte sich allerdings auf Männer, genauer: auf Männer, die nicht in Gesellschaft waren, sondern allein in dem Restaurant saßen und aßen. Die 304 Frauen, die im Untersuchungszeitraum ebenfalls in den Restaurants zu Gast waren, gaben nicht häufiger oder großzügiger Trinkgeld, wenn sie von rot gewandeten Damen bedient wurden.

Die Kellnerinnen im Alter zwischen 19 und 26 Jahren wussten selbst nichts vom Ziel der Studie. Sie wurden lediglich instruiert, beim Mittagessen über sechs Wochen abwechselnd ein gleich geschnittenes T-Shirt in verschiedenen Farben zu tragen – neben Rot auch Schwarz, Weiß, Grün, Blau und Gelb. So konnten Unterschiede im Design oder der Freizügigkeit der Oberbekleidung ausgeschlossen werden. Schmuck und Schminke waren für die Zeit des Versuchs untersagt, um das Ergebnis nicht zu beeinflussen. Selbst wenn das Rot als Farbe nur im Hintergrund einer Umgebung zu sehen ist, wirken Frauen hübscher und begehrenswerter. Sehen sie rot, das heißt: eine Frau in roter Kleidung, stellen Männer im Gespräch mit Frauen sogar intimere Fragen.[24] Und wenn Anhalterinnen die Farbe Rot tragen, werden sie häufiger von männlichen Fahrern mitgenommen als Frauen, die andere Farben anziehen.[25] Aber auch Männern verleiht die Farbe Rot sogleich einen höheren Status und mehr Attraktivität und Anerkennung. Insofern könnten männliche Kellner ebenso von einer roten Arbeitskleidung finanziell profitieren. Offenbar gilt das Farbsignal nicht nur im amourösen Kontext, sondern mithin im »harmlosen« Zusammenhang eines Mittagsmenüs oder Abendessens.

Die Untersuchung schließt an Studien an, die gezeigt hatten, dass jene Kellnerinnen mehr Trinkgeld erhalten, die als attraktiver gelten, blond sind, eine beachtliche Oberweite haben oder sich freizügig zeigen. Von der Qualität des Service oder des Essens ist die Höhe des Trinkgeldes in bisherigen Untersuchungen hingegen so gut wie nie abhängig gewesen, sondern nur davon, wie der Gast die Bedienung wahrnimmt.[26]

Den optischen Trick mit der passenden Farbwahl könnten sich nach Meinung der französischen Forscher auch jene

Frauen zu eigen machen, die nicht in der Gastronomie tätig
sind. Sie lösen dann mehr Aufmerksamkeit aus. »Unbewusst
wollen Männer wohl stärker wahrgenommen werden, wenn
sie bei einer Frau Rot sehen«, sagt Soziologe Guéguen. Um
vom eigenen Partner mehr Interesse signalisiert zu bekommen, kann es für Frauen daher hilfreich sein, sich ab und
zu von ihrer klassisch-dezenten Farbwahl zu lösen und kräftiges Rot zu tragen. Vermutlich kann frau dann auch mehr
Entgegenkommen und mehr Aufmerksamkeit von ihm erwarten. Keine schlechten Aussichten.

Die ungeschminkte Wahrheit

Männer lieben Rot. Besonders an Frauen und besonders in
ihrem Gesicht. Rot gilt als die Farbe, die Frauen insgesamt
gesünder und deshalb womöglich auch attraktiver erscheinen lässt.[27] Ein rosiger Teint spricht für eine gute Durchblutung und damit für eine gewisse Herz-Kreislauf-Fitness und
obendrein für freie Atemwege. Aber auch bei Erregung wird
die Haut durch die damit einhergehende Gefäßerweiterung –
nicht nur im Gesicht – rot; zudem führen ausreichende Kon-
zentrationen an Östrogenen und anderen weiblichen Ge-
schlechtshormonen dazu, dass die Haut straffer, vitaler und
rosiger aussieht.
Rot ist die Farbe der Sieger – Ringer in roten Trikots gewan-
nen bei Olympischen Spielen mehr Goldmedaillen als jene
mit blauen Leibchen, obwohl sie sich die Farben nicht aus-
suchen konnten, sondern sie zugelost werden.[28] Rote Lippen

wirken besonders attraktiv. Je größer der Kontrast zur übrigen Haut ist, desto besser.[29] Wahrscheinlich schminken sich Frauen aus diesem Grund die Lippen rot, manchmal sogar knallig rot. Seit 10 000 vor Christus ist dieser kosmetische Brauch dokumentiert.

Psychologen der Universität Bristol haben festgestellt, dass der Unterschied in der Farbstärke selbst bei ungeschminkten Frauen von Natur aus größer ist als bei Männern. Wird zum Beispiel das Rot der Lippen experimentell auf Bildern verstärkt, so dass es intensiver und die übrige Gesichtshaut im Vergleich dazu blasser wirkt, erscheint das Gesicht einer Frau sogar noch weiblicher und attraktiver. Bei Männern führt ein stärkerer Kontrast im Gesicht hingegen dazu, dass sie weniger männlich und nicht mehr so attraktiv wirken.

Auch Versuchsteilnehmer verändern an einem Monitor die Farben und Kontraste von Gesichtern nach diesem Muster, um sie möglichst reizvoll erscheinen zu lassen. Die Probanden verpassten den Frauen kräftige rote Lippen und erhöhten den Kontrast, bei den Männern nahmen sie Farbe und Kontrast heraus. Blaue Anteile durften die Lippen der Frauen kaum haben, wenn sie attraktiv sein sollten, die der Männer in geringem Maße hingegen schon. Helle, frische Farben wirkten bei beiden Geschlechtern anziehender.

Für Frauen, die den Männern gefallen und sie auf Dauer bei sich behalten wollen, kann das nur heißen: kräftiges Rot auf die Lippen, genügend Kontrast im Gesicht und helle, frische Farbtöne.

Vom richtigen Zeitpunkt

Früh heiraten

»Glauben Sie an Liebe auf den ersten Blick?«

»Das spart eine Menge Zeit.«

Nachts unterwegs

Liebe auf den ersten Blick ist ungefähr so zuverlässig

wie Diagnose auf den ersten Händedruck.

George Bernard Shaw

Die Deutschen prüfen besonders lange, bevor sie sich ewig binden. Ewig hält die Bindung trotzdem in vielen Fällen nicht. Wie gesagt: Mehr als ein Drittel aller Ehen in Deutschland wird geschieden. Hat die lange Wartezeit etwas damit zu tun, oder tut sie einer Partnerschaft sogar gut? Oder, anders gefragt: Halten Ehen länger, wenn die Partner es sich ausführlich überlegt haben, bevor sie sich das Ja-Wort gaben? Das durchschnittliche Alter, in dem die Menschen hierzulande heiraten, ist jedenfalls in den vergangenen 20 Jahren immer weiter angestiegen. Für Frauen liegt es mittlerweile bei fast 30 Jahren (1991 waren es noch 26 Jahre), bei Männern hat es schon die 33 Jahre erreicht (1991 betrug der Durchschnitt 28 Jahre).

Dabei ist es keineswegs erwiesen, dass eine späte Hochzeit dazu führt, dass die Ehe glücklicher und stabiler ist. Im Gegenteil. Früh geschlossene Ehen verheißen offenbar besonders große Zufriedenheit, wie eine wissenschaftliche Analyse ergeben hat.[30] Demnach halten jene Ehen, die erst im höheren Alter eingegangen wurden, zwar im Mittel etwas länger – wahrscheinlich weil beide Beteiligten genau wissen, dass ihre Chancen auf dem Hochzeitsmarkt nicht mehr die besten sind, wenn sie sich trennen würden. Zufriedener sind die Menschen in spät geschlossenen Ehen allerdings nicht gerade.»Schlechte Qualität«, lautet das Urteil der Forscher von der University of Texas, die eine entsprechende Untersuchung geleitet haben. Wer jünger geheiratet hat – und das bedeutete in diesem Fall bereits im Alter zwischen 22 und 25 Jahren –, erwies sich als glücklicher und ausgeglichener in der Ehe.

Fünf große Stichproben quer durch die USA ergaben, dass die günstigsten Voraussetzungen für eine Ehe bestehen, wenn sich Mann und Frau bereits in ihren frühen Zwanzigern binden. Sind sie jünger als 22, ist das hingegen auch nicht optimal. Dann kommt es häufiger zu Frust, Unzufriedenheit und Trennungen – genauso wie in der Gruppe derjenigen, die älter als 25 oder gar älter als 30 sind. Natürlich existieren Partnerschaften, die halten und glücklich machen, auch wenn die Ehe erst in späteren Jahren geschlossen wurde. Aus wissenschaftlicher Sicht gibt es jedoch keinen Grund, die Hochzeit noch herauszuschieben und auf Mr. oder Mrs. Right zu warten, um eine erfolgreichere Ehe zu erleben.

Für Frauen: Lernen Sie Ihren Traummann am richtigen Tag kennen

Frau: Edward ist eine gute Partie, jede Frau will ihn sich angeln!

Vivian: Oh, ich will mir den Mann nicht angeln,

ich will nur mit ihm schlafen!

Pretty Woman

Was Frauen an Männern äußerlich attraktiv finden – und damit auch, welche Art von Partnern in die engere Wahl kommen –, ist für Außenstehende manchmal ein Rätsel. Einheitlich lässt es sich sogar für ein und dieselbe Frau nicht beantworten, denn die Vorlieben ändern sich im Verlauf ihres Zyklus. Generell bevorzugen die meisten Frauen Männer mit typisch maskulin-markanten Gesichtszügen. In der fruchtbaren Phase vor dem Eisprung verstärkt sich diese Vorliebe sogar noch – dann finden Frauen zumindest äußerlich Männer mit diesen eingefrorenen Nussknackervisagen und dominantem Kinn reizvoll.[31] Freundlicher ausgedrückt: mit eindrucksvoll symmetrischen Gesichtszügen. Diese kantigen Typen verheißen schließlich höhere Testosteron-Spiegel, zumeist Gesundheit und zähe, widerstandsfähige Nachkommen in ausreichender Zahl. Kernige Typen mit viel Testosteron im Tank sind allerdings oft unzuverlässig und nicht die verständnisvollen Apfelkistenhochträger, die es für ausdauernde Beziehungen die meiste Zeit braucht.

Während der restlichen unfruchtbaren Tage des Zyklus bevorzugen Frauen zwar auch eckige Kerle, aber die Männer mit den weichen Zügen kommen jetzt leichter zum Zug. Jene Spezies der Softies ist zwar vielleicht nicht so umwerfend anziehend, aber dafür fürsorglicher, sozialer und mithin eher zur Versorgung einer Familie und zur liebevollen Betreuung des Nachwuchses geeignet.

Nimmt eine Frau allerdings die Pille, ändert sich ihre Wahrnehmung des anderen Geschlechts dadurch wiederum – und das hat durchaus Auswirkungen auf ihre Partnerwahl.[32] Denn unter dem Einfluss der hormonellen Verhütungsmittel wählen Frauen eher den sozialer eingestellten Partner. Die sind in der Regel die engagierteren Väter und nicht diese selbstbezogenen Ego-Shooter, die in festen Partnerschaften oft noch den Kopf (oder andere Körperteile) bei anderen Frauen haben.

Die sozialer und mitfühlender eingestellten Männer auszuwählen mag für das Familienleben hilfreich und die Aufzucht des Nachwuchses tatsächlich vorteilhaft sein, denn eine solche Beziehung hält im Mittel länger – sie geht aber leider auch auf Kosten eines erfüllten oder gar aufregenden Sexuallebens. Denn Frauen, die sich ihren Partner ausgesucht haben, als sie die Pille nahmen, berichten von weniger befriedigenden Intimkontakten in der Partnerschaft als jene, die unbeeinflusst von künstlichen Hormonen den Mann fürs Leben wählten. Alles kann frau offenbar nicht haben: Entweder ist der Sex gut, aber die Beziehung hält nicht besonders lange. Oder die Beziehung ist zwar haltbar, aber darunter leidet die Leidenschaft.

Für Männer: Treffen Sie andere Frauen
nur zu bestimmten Zeiten

> Sie: Wir werden nichts weiter sein als Freunde, einverstanden?
> Er: Großartig. Freunde, das Beste, was es gibt.
> Dir ist natürlich klar, dass wir nie Freunde sein können?!
> Sie: Wieso nicht?
> Er: Was ich sagen will, und das soll keine Anmache sein,
> weder versteckt noch offen: Männer und Frauen können nie
> Freunde sein! Der Sex kommt ihnen immer wieder dazwischen.
>
> *Harry und Sally*

Es gibt Menschen, die steif und fest behaupten, dass eine Freundschaft zwischen Männern und Frauen ohne erotische Hintergedanken unmöglich ist und es so etwas gar nicht geben kann. Beide Seiten könnten demnach nicht anders, als die Attraktivität des anderen permanent zu taxieren und sich – je nach Ausgang der Wertung – anzupirschen oder eben Abstand zu halten. Und selbst wenn keiner etwas vom anderen will, bedeutet dies nach gängiger Lesart zumeist nur, dass der andere derzeit nicht ins Beuteschema passt, die Tauglichkeit für eine Beziehung aber dennoch abgeschätzt und bewertet wird. Der Film *Harry und Sally* lebt davon, dass der Held dieser These anhängt, während die Heldin seine Behauptung – letztlich vergeblich – zu widerlegen sucht.

Aus diesen Gründen kann es heikel sein, wenn sich ein Mann, der in einer festen Beziehung lebt, mit einer anderen Frau trifft. (Gleiches gilt natürlich auch für eine gebundene Frau, die sich mit einem Mann trifft.) Immerhin gibt es aus

wissenschaftlicher Sicht Tage, an denen eine solche Verabredung mit dem anderen Geschlecht für Männer günstiger ist,
ohne dass ihm sofort der gewaltige Zorn seiner Partnerin
droht. Die Intensität der Eifersucht von Frauen variiert nämlich im Verlauf ihres Zyklus. Das grüngeäugte Monster, wie
seit Shakespeare die Eifersucht auch genannt wird, lässt sich
erstaunlich stark von den körpereigenen wie auch von außen
zugeführten Hormonen beeinflussen.

In den unfruchtbaren Phasen ihres Zyklus sind Frauen deutlich weniger eifersüchtig als in der fruchtbaren Zeit vor dem
Eisprung.[33] Vermutlich greift hier das alte evolutionäre Muster, den Fortbestand der eigenen Art selbst in die Hand nehmen zu wollen und dabei keine Rivalinnen zu dulden.

Nehmen die Frauen allerdings die Pille, verändert sich diese
Wahrnehmung – und zwar abhängig davon, ob sie alleinste-
hend oder gebunden sind: Bei Single-Frauen, die hormonell
verhüten, ist die Eifersucht auf etwaige Rivalinnen unter
dem Einfluss der Östrogene und Gestagene insgesamt geringer ausgeprägt. Sind dieselben Frauen hingegen in einer
Partnerschaft gebunden, reagieren sie unter dem Einfluss der
Pille durchgehend eifersüchtiger als während der Phasen, in
denen sie keine Hormone nehmen.

Partnerwahl ohne Pille

> Eine glückliche Ehe: eine Ehe,
> in der die Frau ein bisschen blind
> und der Mann ein bisschen taub ist.
>
> *Gordon Dean*

Wem die Naturwissenschaften fremd sind, der hält die Liebe für einen romantischen Zufallstreffer. Plötzlich erwischt es einen – unfassbar, unvorhersehbar, ungeplant. Der Himmel hängt voller Geigen, der Mensch ist nicht mehr zurechnungsfähig. Evolutionsbiologen und Verhaltensforscher haben den Glauben an den Blitz aus heiterem Himmel, der die Verliebten trifft, allerdings längst entzaubert. Sie haben die Gesetze der Partnerwahl entschlüsselt und beispielsweise gezeigt, dass sich Glücksmoleküle und Kuschelhormone im Zeichen höherer Ziele zusammenfinden, wenn sie triebhaften Rausch und Liebeslust auslösen. So spielen mäßig betörende Motive wie die Abwehr von Infektionen und die Antigen-Vielfalt (stabilisiert das Immunsystem) der Nachkommen eine wichtige, wenn nicht gar die entscheidende Rolle, wenn sich Herz zu Herzen findet.

Die Forscherinnen Alexandra Alvergne und Virpi Lummaa von der Universität Sheffield vermuten allerdings, dass die natürlichen Mechanismen der Partnerwahl durch moderne Verhütungsmethoden empfindlich gestört werden.[34] Womöglich trüben sie gar den Blick dafür, wer der optimale Partner wäre!»In Studien zur Partnerwahl wurde zwar immer wieder auch gefragt, ob die Frauen die Pille genommen haben«, sagt Alexandra Alvergne.»Welche Konsequenzen das für

die Beziehung hat, ist bisher jedoch noch viel zu wenig berücksichtigt worden.«
Nehmen Frauen die Antibabypille, wird ihr Zyklus stark davon beeinflusst. Das ist bekannt, denn die künstlich zugeführten Östrogene und Gestagene ahmen den hormonell gleichmäßigeren Zustand während einer Schwangerschaft nach. Die Schwankungen dieser Moleküle sind daher nicht so ausgeprägt, wenn eine Frau die Pille nimmt – und das hat Folgen: Bei Frauen, die nicht die Pille nehmen, ändert sich das Begehren und die Wahrnehmung von Männern während des Zyklus stärker. Stehen sie sonst eher auf einen ausgleichenden, harmoniebedürftigen Partner, schätzen sie in dieser Phase ja die aggressiveren, konkurrierenden Typen. Die Pille mildert diesen Wandel in der Wahrnehmung hingegen deutlich ab und könnte im Extremfall dazu führen, dass sich eine Frau für einen Mann entscheidet, den sie ohne Pille gar nicht erwählen würde.

Aus evolutionärer Perspektive ist es ja, wie gesagt, äußerst sinnvoll, wenn sich zwei Sexualpartner möglichst stark unterscheiden. Je verschiedener Mann und Frau aus biologischer Sicht sind, umso besser können sie sich fortpflanzen. Die Volksweisheit »Unterschiede ziehen sich an« hat daher einen biologischen Hintergrund, der einst die Gesundheit der Sippe förderte. Die Pille könnte hingegen die natürliche Partnerwahl verfälschen und die Abwehr der Nachkommen schwächen. »Die entscheidende Frage ist, welche Konsequenzen das auf Dauer für die Fortpflanzung hat«, sagt Lummaa. So verwegen zu behaupten, dass die Pille der Grund dafür ist, dass so viele Beziehungen scheitern, sind die Forscherinnen dann aber auch nicht.

Wenn die biologische Uhr tickt

> Alter schützt vor Liebe nicht, aber Liebe schützt
> bis zu einem gewissen Grade vor Alter.
>
> *Jeanne Moreau*

Der Rat an Männer, die noch keine Frau abbekommen haben: Achtet auf Frauen, deren Fruchtbarkeit unweigerlich bald zu Ende geht, denn sie sind womöglich weniger wählerisch in Hinblick auf mögliche Partner. Klingt unromantisch, aber aus evolutionärer Sicht geht es der Spezies Mensch eben auch darum, sich fortzupflanzen und die Art zu erhalten. Um in aller Ruhe zu prüfen, was sich ewig bindet und ob sich nicht noch was Besseres findet, fehlt Frauen in fortgeschrittenem Alter vermutlich schlichtweg die Zeit, auch wenn das böse Bonmot sicherlich übertrieben ist, wonach es für eine Frau jenseits der fünfunddreißig wahrscheinlicher ist, vom Blitz erschlagen zu werden, als noch den Mann fürs Leben zu finden.

Zwar gibt es nur wenige Erkenntnisse darüber, ob eine schnell geschlossene Partnerschaft weniger lange hält als eine Beziehung, für die sich beide nach sorgsamer Abwägung entschieden haben.[35] Kommen Paare eilig zusammen, kann das ja dafür sprechen, dass sie sofort spüren, dass sie füreinander bestimmt sind. Es kann aber auch bedeuten, dass sie schlicht aus Mangel oder aus Zeitnot so schnell zugegriffen haben.

Psychologen aus Texas haben an mehr als 800 jungen Frauen untersucht, wie sich ihre Bereitschaft zu Beziehungen und sexuellen Affären verändert, wenn sie älter werden.[36] Demnach denken junge Frauen bereits mit Ende zwanzig häufiger an Sex und haben öfter und ausgeprägter sexuelle Fantasien als ihre um wenige Jahre jüngeren Geschlechtsgenossinnen. Frauen in diesem leicht fortgeschrittenen Alter sind ebenfalls eher dazu bereit, sich auf eine kurze Affäre oder einen One-Night-Stand einzulassen. In Umfragen gibt die Altersgruppe der Frauen zwischen Ende zwanzig bis Mitte dreißig zudem an, häufiger Sex zu haben als jüngere oder ältere Frauen.

»Die biologische Uhr führt bei den Frauen um die dreißig offenbar dazu, dass sich ihre Motivation bei der Partnersuche und auch ihr aktuelles Verhalten gegenüber Männern spürbar verändert«, vermuten die Wissenschaftler. »Dies alles dient vermutlich in erster Linie dazu, um die verbleibende Fruchtbarkeit einfacher auszunutzen.«

Let's talk about Sex

Sex wird überschätzt

Welches Mädchen am Winesburger College fand (im Jahre 1951)
einen Jungen »begehrenswert«? Ich jedenfalls hatte vom
Vorhandensein solcher Gefühle unter den Mädchen in Winesburg
oder Newark oder wo auch immer noch nie gehört.

Philip Roth: Empörung

Flaute im Bett, wenig Sex in der Langzeitbeziehung? Es muss nicht zwangsläufig ein schlechtes Zeichen sein, wenn zwischen den Partnern nur noch wenig läuft. Für manchen liebeshungrigen Menschen mag das zwar nur ein schwacher Trost sein, aber wissenschaftlich ist der Zusammenhang recht gut belegt. Sofern nicht schon jedes Interesse füreinander erloschen und statt Glut nur noch kalte Asche übrig ist, können seltenere Intimkontakte in einer längeren Paarbeziehung sogar darauf hindeuten, dass sich beide Partner sicher und geborgen fühlen und keiner ständigen Liebesbeweise mehr bedürfen. Sie müssen nicht befürchten, dass einer die Beziehung bald verlassen wird. Der sparsame Sex spricht für eine feste Bindung und wenig Verlustangst.

Wer hingegen ständig miteinander ins Bett will, könnte die Partnerschaft eher aufs Spiel setzen, so die Botschaft der Wissenschaft. Denn dieses ständig fordernde Verhalten spricht oft dafür, in emotionalen Konflikten verstrickt zu sein oder chronisch unsicher, ob die Beziehung noch hält.

Der permanente Wunsch nach Bestätigung kann jede Beziehung zermürben.
Aufregenden Sex können Menschen in einer stabilen, befriedigenden Langzeitbeziehung jedoch nicht mehr erwarten. Dazu kennt man sich nach den vielen Jahren der Partnerschaft einfach zu gut – und dann ist es schwer, den anderen noch zu überraschen oder ähnlich neu und spannend und begehrenswert zu finden wie beim ersten Mal. Für zufriedene Paare folgt daraus eine eher betrübliche Nachricht: »Dauerhafte Sicherheit in der Partnerschaft und häufiger, guter Sex schließen sich aus«, wie die Psychotherapeutin Kirsten von Sydow von der Universität Hamburg nüchtern feststellt. Reden Paare von ihrer »reifen Liebe«, einer »neuen Phase der Partnerschaft« oder erklären gemeinsam, dass Sex »sowieso überschätzt« sei, ist klar, was gemeint ist: Sie sind schon in einem besonders tragfähigen Stadium ihrer Beziehung angekommen – oder stehen kurz vor der Trennung.

Lieber weniger als dafür schlechter und lustloser Sex, um das Mindesthaltbarkeitsdatum von Beziehungen zu erhöhen, kann der Ratschlag an Langzeitpaare daher nur lauten. Das ist eine von mehreren irritierenden Nachrichten für Menschen, die eigentlich beides, Leidenschaft *und* Langfristigkeit, von ihrer Partnerschaft erwartet haben und sich plötzlich ernüchtert wundern, dass beides zusammen offenbar nicht geht.

Die meisten Wissenschaftler sind sich einig darüber, dass Sex nicht allein ein triebgesteuerter Instinkt ist, der die Menschen mehr (nach Expertenansicht sind hier eher die Männer gemeint) oder weniger (tendenziell handelt es sich hier um Frauen) überfällt und dem sie sich nicht entziehen können, sondern unweigerlich hingeben müssen. »Im Sexualverhalten und in der Art und Weise, wie wir Beziehungen führen und unsere entsprechenden Wünsche äußern, spiegeln sich unsere frühen Bindungserfahrungen wider«, sagt Karl Heinz Brisch, Facharzt für Psychosomatik und Bindungsexperte an der Ludwig-Maximilians-Universität München.

So haben, wie schon erwähnt, ängstliche und unsichere Frauen häufiger wechselnde Sexualpartner, besonders in der Zeit, in der sie noch nicht fest an einen Mann gebunden sind. Sie müssen durch den häufigen Sex immer wieder versichert bekommen, wie attraktiv und begehrenswert sie sind, was auch der Hauptgrund dafür ist, dass sie früher als andere Frauen ihre ersten Erfahrungen mit Männern machen.

Menschen, die sich ihrer selbst sicher fühlen, neigen hingegen weniger zu Affären. Auch ihr erster Geschlechtsverkehr findet daher in fortgeschrittenem Alter statt: Diese Frauen wissen nämlich genauer, wann und mit wem ihnen Intimität guttut. Sie müssen sich nicht beeilen und permanent von verschiedenen Männern vergewissern lassen, dass sie hübsch und interessant und attraktiv sind. Das wissen sie schon selbst.

»Melancholischer Sex ist sehr verbreitet«, sagt die Therapeutin Kate White vom Bowlby Centre in London, was noch eine ziemlich freundliche Umschreibung für Sex ist, der wenig Lust bereitet. White hat immer wieder unsichere Klienten in ihrer Praxis, die Sex vor allem als Aufbauhilfe für ihr angeknackstes Selbstwertgefühl brauchten. Ein junger Mann aus Whites Praxis könne zwar, wie er sagte, »mit vielen Leuten vögeln, aber einem Partner aufrecht und direkt ins Gesicht zu schauen, das fällt mir immer noch schwer«.

Häufiger, guter Sex als Kitt für eine dauerhafte Ehe?

Liebe: nur ein schmutziger Trick der Natur,

um das Fortbestehen der Menschheit zu garantieren.

William Somerset Maugham

Es ist zwar eine naheliegende Frage, aber die Wissenschaft hat sie bisher eher selten gestellt und beantwortet: Wie wirkt sich die Zufriedenheit mit dem ehelichen Sex auf die Dauer und Stabilität der Ehe aus? Oder anders gefragt: Führt schlechter und seltener Sex unweigerlich zur Trennung? Wichtige Fragen, denn die meisten Menschen in den westlichen Industrienationen heiraten – und lassen sich ja wieder scheiden. Zumindest in den USA gibt es ein paar Untersuchungen zum Thema. Überraschenderweise führt schlechter Sex nicht zwangsweise zur Scheidung. Der Einfluss des ehelichen Beischlafs auf die Trennungsrate ist sogar als eher gering zu bewerten.[37] Die meisten Paare gewöhnen sich offenbar daran, dass sie immer seltener intim miteinander werden – oder behelfen sich anderweitig.

Die amerikanische Psychiaterin Kristina Dzara hat Paare untersucht, die zwischen 1998 und 2004 geheiratet hatten, und sie danach befragt, wie häufig sie Sex haben und wie befriedigend und einvernehmlich das vor sich geht. Auch wenn die Antworten sehr unterschiedlich ausfielen, ließ sich auch bei unzufriedenen Ehepartnern keine Tendenz zu einer baldigen Scheidung ausmachen. Das einzige dezente Ergebnis, das sich statistisch erhärten ließ, wies darauf hin, dass eine Beziehung vermutlich lange hält und keine Scheidung droht,

wenn der Ehemann in den ersten Jahren der Partnerschaft
sexuell zufrieden ist.

Gleich in die Kiste oder Zeit lassen? Egal!

Laster, Tugend! Es ist besser, wenn man nicht zu moralisch ist,
dabei entgeht einem zu viel im Leben.

Harold und Maude

Die beiden sehen sich in der Bar, lächeln sich zu, finden sich
sofort attraktiv und kommen wenig später ins Gespräch. Sie
trinken ein Glas zusammen. Dann noch eins und dann noch
eins. Kurz darauf landen sie bei ihm in der Wohnung und fallen übereinander her. Kann das gutgehen und mehr werden
als ein One-Night-Stand? Ist es möglich, dass aus solchen
flüchtigen Bekanntschaften, die ruckzuck im Bett enden, tatsächlich stabile Beziehungen entstehen? Offenbar schon,
wenn man den Untersuchungen des Soziologen Anthony Paik
von der University of Iowa Glauben schenken mag.[38]
In seiner Analyse beobachtete Paik zunächst, dass die Zufriedenheit mit der Beziehung im Mittel zwar höher ist,
wenn die Paare sich Zeit lassen und erst dann Sex haben,
wenn sie tatsächlich ernsthaft zusammengekommen sind.
Betrachtete er aber ausschließlich jene Menschen, die an einer längerfristigen Beziehung interessiert waren und nicht
nur auf ein Abenteuer aus waren, erwiesen sich die Partnerschaften als ähnlich befriedigend und haltbar, unabhängig
davon, ob es gleich mit dem Sex losging oder sich beide

noch etwas Zeit ließen und bis nach dem ersten Rendezvous warteten.

»Die Beziehungen sind nicht zwangsläufig von schlechterer Qualität, nur weil sie mit einem schnellen Abenteuer begonnen haben und einer den anderen abgeschleppt hat«, sagt Paik. »Erfüllte Beziehungen gibt es zwar oft, wenn man ein bisschen wartet – aber eben auch für jene, die so loslegen, wie es die *Sex-and-the-City*-Fantasien nahelegen: Ein Blick, dann schlägt der Blitz ein, und beide landen sofort im Bett.« Paik und sein Team hatten 642 heterosexuelle Erwachsene befragt und detailliert erhoben, wie zufrieden sie mit ihrer gegenwärtigen Beziehung, dem gegenseitigen Verständnis und dem partnerschaftlichen Sex waren. Zudem erfragten sie, wie sich die Partner kennengelernt hatten und wie schnell sie anfangs sexuell aktiv wurden. Dass der schnelle Sex dennoch nicht den besten Ruf hat, liegt Paik zufolge daran, dass es natürlich Zeitgenossen gibt, die gar nicht auf eine langfristige Beziehung aus sind, sondern es nur darauf anlegen, jemanden möglichst schnell ins Bett zu bekommen. »Trotzdem ist es nicht die Art und Weise des Kennenlernens, die über die spätere Beziehungsqualität entscheidet, sondern der Typ Mensch«, sagt Paik.

Menschen, die zuvor schon viele verschiedene Sexualpartner gehabt haben, sind zumeist weniger zufrieden mit ihrer langfristigen Beziehung. Vermutlich finden sie Partnerschaften gar nicht so attraktiv, gestehen sich das aber nicht ein. Sie »investieren« deshalb auch weniger in das gemeinsame Miteinander, und das führt wiederum dazu, dass ihre Beziehungen weniger stabil sind und nicht so lange halten, vermutet Paik.

Diese unterschiedliche Einstellung wirkt sich ebenso auf die
Art des Kennenlernens aus. »Viele Leute verabreden sich
zwar und haben regelmäßig Dates, in Wirklichkeit haben sie
aber gar kein Interesse an einer Beziehung, und ihre Erwartungen sind entsprechend gering«, ist ein Fazit von Paiks
Untersuchungen. »Da kann man sich natürlich schon fragen,
ob diese Art von Treffen für diese Art von Menschen überhaupt sinnvoll ist. Vielleicht sollte man einfach die raus-
filtern und sich untereinander mit denen treffen lassen, die
es ebenfalls nicht auf eine romantische Beziehung angelegt
haben, sondern nur schnellen Sex wollen.«

Im Wein liegt Zeugungskraft

> Ich habe viel von meinem Geld für Alkohol, Weiber und
> schnelle Autos ausgegeben. Den Rest habe ich verprasst.
>
> *George Best*

Im Frühjahr 2011 war in einer englischen Zeitungsserie eine
Charakterisierung der Deutschen zu lesen. Wider Erwarten
fiel der Beitrag über die »Krauts« recht positiv aus. In einem
der Artikel wunderte sich das britische Autorenteam über etliche Eigenheiten der Germanen, aber offenbar besonders
über die Tatsache, dass die Deutschen keinen oder nur wenig
Alkohol brauchen, bevor sie das erste Mal miteinander ins
Bett gehen.[39] Engländer schaffen das wohl nur im stark an-
geheiterten oder gar volltrunkenen Zustand.
Wie wichtig Alkohol für das Zusammenfinden der Ge-

schlechter ist, hat die Wissenschaft natürlich ebenfalls schon untersucht. Frauen, die gelegentlich Alkohol trinken, werden demnach deutlich schneller schwanger als abstinente Damen – besonders bei regelmäßigem Weinkonsum, aber auch wenn sie gelegentlich Bier oder hochprozentige Getränke zu sich nehmen.[40] Epidemiologen aus Kopenhagen hatten fast 30 000 Frauen nach ihren Trinkgewohnheiten befragt und ermittelt, wie lange es dauerte, bis sie ohne Verhütung schwanger wurden.[41] Die Hälfte der Frauen wurde innerhalb von zwei Monaten schwanger, bei 15 Prozent dauerte es bis zu einem Jahr. Wurden die Gruppen nach ihrem bevorzugten Alkohol unterteilt, zeigte sich, dass die Weintrinkerinnen am schnellsten schwanger wurden, wobei der Konsum zwischen einem halben Glas und sieben Gläsern wöchentlich variierte. Wer nur Bier oder nur Schnaps zu sich nahm, musste etwas länger auf eine Schwangerschaft warten. Am raschesten wurden die Frauen schwanger, die alle drei Arten Alkohol bevorzugten.

Eine Erklärung für die erhöhte Fruchtbarkeit durch mäßigen, aber regelmäßigen Alkoholkonsum ist vermutlich nicht in den Inhaltstoffen von Wein oder Bier zu suchen. Es gibt keine Substanz, die direkt die Fruchtbarkeit steigert. Wahrscheinlich sind Wein trinkende Frauen insgesamt gesünder und geselliger, lernen mehr mäßig, aber regelmäßig Wein trinkende Männer kennen und haben deshalb auch häufiger sexuelle Kontakte. Vielleicht haben sie aber auch – Wein trinkende? – Partner mit einer besseren Spermienqualität, so dass sie aus diesem Grund schneller schwanger werden. Als Reaktion auf die dänische Untersuchung wurde in Leserbriefen an die Fachzeitschrift, die diese veröffentlichte, angemerkt, dass man ähnliche Ergebnisse vermutlich auch erhalten könne, wenn man den Einfluss von Schokolade auf die Wartezeit bis zur Schwangerschaft untersuchen würde – wobei sich einige der Leserbriefschreiberinnen sofort als freiwillige Teilnehmerinnen und Schokoladentesterinnen für die entsprechende Studie anboten.

Überstehen Sie das verflixte vierte Jahr

> Wir wussten schon bei der Hochzeit, dass das nicht ewig hält.
> *Otto Waalkes 2012 nach der Trennung*
> *von seiner zweiten Frau Eva Hassmann.*
> *Die Ehe wurde nach zwölf Jahren geschieden.*

Wenn Nietzsche recht hatte und die Syphilis seinen Nervenbahnen noch nicht zu heftig zugesetzt hatte, als er die geflügelten Worte im *Zarathustra* schrieb, will alle Lust Ewigkeit. Dummerweise hält die Lust aber nicht ewig an, sondern allenfalls ein paar Monate – zumeist jedenfalls nicht länger als ein halbes Jahr. Und dann geht es sogar noch weiter kontinuierlich bergab: Bei Paaren, die länger zusammenbleiben, ist das Interesse aneinander statistisch gesehen schon nach vier Jahren weitgehend erloschen und die Leidenschaft nahe dem Nullpunkt.

Von wegen verflixtes siebentes Jahr – so lange halten viele Paare erst gar nicht durch. Das vierte gilt es zu überstehen! Die sexuelle Gewöhnung führt schließlich bereits nach drei bis vier Jahren Partnerschaft dazu, dass die körpereigene Euphoriedroge Dopamin nur noch spärlich aus den Nervenzellen im Gehirn abgegeben wird.[42] Die hormonelle Talfahrt ist auch der Grund dafür, dass emotional wie sexuell immer weniger los ist: Die Lust aufeinander und miteinander schläft ein. Oder sie bäumt sich auf und richtet sich auf andere, neuere und aufregendere Objekte der Begierde. Denn ein Dauerzustand muss die hormonelle Flaute ja nicht unbedingt sein. Wählt ein Mann nach drei oder vier Jahren Beziehung eine neue Sexualpartnerin, steigt der Spiegel seines Glückshormons Dopamin sofort wieder sprunghaft an. Der Mann ist plötzlich wieder leidenschaftlich, beglückt und voller Hingabe entflammt. Bei Frauen ist das Phänomen noch wenig erforscht, funktioniert aber vermutlich ähnlich. Wahrscheinlich haben auch die Frauen mit dem verfluchten vierten Jahr zu kämpfen – denn in den USA sind nach einschlägigen Statistiken 70 Prozent der über fünfunddreißigjährigen Frauen bereits mindestens einmal fremdgegangen. Abhilfe gegen den Niedergang der Lust ist schwierig, denn wer zusammenbleiben will, gefährdet meist die eigene Beziehung, wenn er sich zu offensichtlich nach anderen Partnern umsieht. Paartherapeuten empfehlen daher, eine Affäre zu beginnen und sich neu zu verlieben – und zwar in den eigenen Partner. Dazu gehört allerdings ein beachtliches Maß an Selbsttäuschung oder die Fantasie, den anderen noch mal mit ganz anderen Augen zu sehen. Leichter gesagt als getan. Gemeint ist damit aber, dass man sich wie bei einem neuen Rendezvous aufeinander freuen und vorbereiten und dem Treffen aufgeregt entgegenfiebern sollte. Dazu kann es hilfreich sein, sich ein Hotelzimmer zu mieten, ein Wochenende allein zu zweit zu verbringen und mögliche Störungen durch den Alltagstrubel und die Kinder umsichtig zu vermeiden.

Schlafen Sie in der richtigen Gesellschaft

> … Denn Männern und Frauen ist zuzutrauen,
> Dass sie sich gegenseitig gerne die Nacht versauen.
>
> *Die Ärzte*

Zu Beginn einer Liebesbeziehung kann die Nähe gar nicht groß genug sein. Ein gemeinsames Lager nicht breiter als eine aufgeschlagene Tageszeitung reicht aus, erst recht, wenn man Löffelchen macht. Das ist für frisch Verliebte meistens Platz genug. Sich Herz an Herz aneinanderzukuscheln ist anfangs noch das größte der Gefühle. Mit zunehmenden Jahren wird der Wunsch nach Abstand aber in der Regel größer, ohne dass dies zwangsläufig am zunehmenden Körperumfang liegen muss. Reichen zunächst für das junge Paar Betten mit einer Breite von 1,40 Metern (und manchmal sogar schmaler) aus, sind in ausdauernden Beziehungen plötzlich Maße von 1,60 Meter oder gar 1,80 Meter gefragt. Loki Schmidt war überzeugt, dass ihre Ehe mit Altkanzler Helmut Schmidt auch deswegen 62 Jahre gehalten hat, weil sich die beiden auf getrennte Betten geeinigt hatten.
Mit zunehmendem Umfang des Bettes wird es allerdings immer schwieriger, nach Vorbild des französischen Grand Lit noch eine ungeteilte Matratze zu finden – und nicht diese

Zwillingsbetten mit der lästigen Besucherritze, die Honoré de Balzac für den Tod aller Romantik und ein »Verbrechen an der Liebe« hielt. Nach diversen Umfragen teilen sich zwar 80 bis 90 Prozent der Paare in Deutschland das Bett, allerdings bestehen fast alle auf einer eigenen Bettdecke, in die sie sich kokonartig wie in eine Wurstpelle einhüllen.

Ob Paare besser allein oder zu zweit schlafen, kann die Wissenschaft noch nicht eindeutig beantworten – denn hier unterscheiden sich die Geschlechter. Störungen durch den anderen sind eher die Regel denn die Ausnahme: Er schnarcht zu laut, sie ist zu unruhig, einer von beiden muss früher aufstehen oder will später ins Bett, und die knarzenden Dielen wecken den Partner. Nächtliche Wanderungen, quietschende Türen und die Frage, ob das Fenster geöffnet oder geschlossen bleibt, zermürben die Partnerschaft weiter. Die FC-Bayern-Bettwäsche, der Frottee-Schlafanzug, aber auch Heizdecken, Schlafbrillen und klebrige Ohropax-Brösel können zu empfindlichen Attraktivitätseinbußen führen.

Zudem haben die Geschlechter offenbar unterschiedliche Vorlieben, wenn es um die optimale Bettruhe geht: Frauen erholen sich tendenziell nachts besser, wenn sie getrennt schlafen. Offenbar sind die Ruhestörungen durch Männer lästiger. Männer schlafen hingegen tiefer und fühlen sich geborgener, wenn sie sich der Gesellschaft ihrer Partnerin nachts sicher sein können. Dann pirschen sie seltener unruhig umher, um zu schauen, ob sie noch da ist.

Kinder raus aus dem Ehebett

Natürlich ist es rührend, wenn die Kinder gelegentlich nachts schlaftrunken ins Zimmer der Eltern stolpern und sich zu ihnen ins Bett kuscheln. Dieses Gefühl der Nähe und Geborgenheit ist wertvoll, innig und kostbar – und zwar für beide Seiten. Oft sind unvergessliche Momente für Eltern wie Kinder damit verbunden. Etwas anderes ist es allerdings, wenn die Kinder nicht manchmal, sondern regelmäßig im Ehebett schlafen und sich permanent zwischen Mann und Frau drängen. Dann kommt die womöglich eh schon eingeschlafene partnerschaftliche Erotik fast vollends zum Erliegen. Wenn das Kind dann wie ein Hubschrauber ständig im Bett um die eigene Achse rotiert und sich hin und her wälzt, leidet außerdem der Schlaf. Alles dreht sich nur noch um das Kind – und die Männlichkeit des Vaters geht nach und nach ebenfalls flöten. Dass sich die permanente Nähe des Kindes im Schlaf durchaus auf die Hormonspiegel des Vaters auswirkt, haben Anthropologen aus den USA gezeigt. Sie konnten beobachten, dass der Testosteron-Spiegel des Mannes sinkt, wenn er ständig das eigene Kind im Bett um sich hat.[43] Das Team um Lee Gettler hatte 362 Väter untersucht und analysiert, ob das Kind auf derselben Matratze, im selben Raum oder getrennt von den Eltern schlief. Je näher der Nachwuchs dem Vater rückte und blieb, auf desto niedrigere Spiegel war sein Testosteron-Wert gefallen. Ein niedriges Testosteron wird eher bei Männern beobachtet, die sich um die Familie kümmern, auf die Kinder aufpassen und tendenziell ein soziales Verhalten zeigen. Als Sexualpartner verlieren sie hingegen dadurch schnell an Attraktivität.

Die Rolle des Mannes ändert sich dann mit der Zeit. Je geringer sein Testosteron-Spiegel, desto weniger ist er noch der begehrenswerte Sexualpartner, der auf Eroberung und Fortpflanzung aus ist. Vielmehr hat er sich dann ganz der Versorgung des Nachwuchses ergeben. Für Frauen sind solche Männer weniger attraktiv, Beziehungen mit ihnen halten dafür aber länger, da ihr soziales Verhalten ja die Partnerschaft stabilisiert.

Haben Männer hingegen einen hohen Testosteron-Spiegel, haben sie eine ausgeprägte Muskulatur und sind darauf eingestellt, sich zu behaupten und Konkurrenten zu vertreiben.[44] Die Zahl ihrer Sexualpartner im Leben ist dementsprechend höher.[45]

Sex nach Plan?

> Die Frau kontrolliert ihren Sex, weil sie für Sex
> all das bekommt, was ihr noch wichtiger ist als Sex.
>
> *Esther Vilar*

Sonntags nie – dafür aber an jedem Freitagabend? Feste Rituale wie die Champagnerflasche neben dem Bett, die Kuschelrock-III-CD oder das gemeinsame Schaumbad vor der großen Sause? Sollen intime Stunden nach Lust und Laune stattfinden oder doch besser in den Terminplan eingetragen werden? Soll man gar den Wecker danach stellen und für die

gewissen Stunden Schaumwein bereithalten? Viele Paare
tun sich schwer mit der Zärtlichkeit, wenn ihre Beziehung in
die Jahre gekommen ist und das Begehren sich weniger auf
den anderen, sondern auf Konzertbesuche, die Kneipe oder
den Hobbykeller richtet.

Es gibt Anhänger beider Richtungen. Kontrovers betrachtet
werden unter Singles wie Paaren allerdings die Thesen des
erfahrenen Paartherapeuten Hans Jellouschek.[46] Er sieht die
Partnerliebe als eine Form der Beziehung, die »der Hand-
lungslogik der Hingabe folgt« und in der keine Schuldschei-
ne ausgestellt werden können. Das würden sicher die meisten Menschen unterschreiben. Gerechtigkeit zwischen Partnern sei zwar wünschenswert, so Jellouschek, aber damit
lasse sich Liebe nicht wiederherstellen.

Da Beziehungen die Tendenz haben, »von selbst schlechter
zu werden«, wie Jellouschek es sehr hübsch ausdrückt, müsse das Paar allerdings schon etwas dafür tun, dass ihm die
Liebe nicht langsam abhandenkommt. Und als Nebenwirkung stärke die neu erwachte Partnerliebe schließlich auch
die Bindungssicherheit und dadurch wiederum sogar die Au-
tonomie der Kinder. Für den Sex altgedienter Paare regt Jellouschek daher »geplante Zeiten und Orte« an, »weil es einen ja nicht mehr so zum anderen treibt«. Und manchmal
entwickelt sich der Appetit schließlich auch beim Essen.

Diese Argumentation hört sich für viele Leute seltsam an.
Gerade ältere Frauen haben vielfach ihrem Mann zuliebe
mitgemacht, obwohl sie keinerlei Lust verspürten. Weil sie
das Gefühl hatten, das müsse so sein und die Frau habe seinen Wünschen zu folgen. Fraglich ist zudem, wie oft Sex bei
langlebigen Paaren »normal« ist. Man muss die aus huma-

nistischen Quellen und von Martin Luther überlieferte Anregung –»zweimal in der Woche« – nicht so eng sehen. Viele Paare mit Kindern haben nur einmal im Monat oder sogar noch seltener Sex, auch wenn die Umfragen von Jugendinstituten und Kondomherstellern regelmäßig andere Zustände in deutschen Betten suggerieren und damit Paare, die nicht nur eine heiße Affäre sind, zusätzlich unter Druck setzen. Routine gilt vielen Menschen als der Lustkiller schlechthin. Man muss dennoch keine akrobatischen Übungen veranstalten, keinen Sex nach Dienstplan haben – und kann trotzdem ein bisschen Abwechslung in den Alltag bringen.

Kürzeres Leben, längerer Sex

> Wenn der Kuss gesundheitsschädlich wäre,
> wie Gesundheitsapostel immer wieder behaupten,
> wäre ich schon längst tot.
>
> *Brigitte Bardot*

Man muss Prioritäten setzen – und offenbar ist das bei Männern recht eindeutig der Fall. Sie haben zwar im Durchschnitt eine um etwa fünf Jahre kürzere Lebenserwartung als die Frauen, aber dafür steht ihnen im Alter noch längere Zeit ein aktives Sexualleben bevor. Haben sie die fünfundfünfzig erreicht, haben Männer im Durchschnitt noch mindestens 15 Jahre sexueller Aktivität vor sich, wie eine Untersuchung ergeben hat. Frauen im selben Alter können hingegen nur noch gerade mal mit einem Jahrzehnt Sexualität rechnen.[47]

Wenn sie gesundheitlich beeinträchtigt sind, wirkt sich das auf das sexuelle Erleben der Männer allerdings stärker aus als auf das der Frauen. Generell ist die sexuelle Aktivität der Männer intensiver und ihre Zufriedenheit mit dem Sex wie auch das Interesse daran größer. Dieser Unterschied zu den Frauen nimmt mit zunehmendem Alter sogar noch weiter zu. Tröstlich für die Frauen: Viele von ihnen scheinen den Sex im Alter gar nicht zu vermissen. Da Männer in der Regel jüngere Frauen heiraten und früher sterben, gibt es allerdings ein gewisses Ungleichgewicht im Alter: Während 72 Prozent der Männer im Alter zwischen 75 und 85 Jahren noch eine Partnerin haben, ist das bei Frauen in dieser Altersspanne nur bei weniger als 40 Prozent der Fall. Sexuell aktiv sind in diesen fortgeschrittenen Jahren immerhin noch fast 40 Prozent der Männer – gegenüber nur noch 17 Prozent der Frauen.

Manche Forscher schlagen vor, neben der biologischen auch die »sexuell aktive« Lebenserwartung einzubeziehen, wenn es um die Lebensqualität im Alter geht. Im Alter von dreißig hat ein Mann noch eine sexuelle Lebenserwartung von mehr als 35 Jahren vor sich, bei einer biologischen von mindestens 45 Jahren – die letzte Dekade verläuft statistisch gesehen ohne Sex. Frauen mit dreißig stehen hingegen aus statistischer Sicht »nur« noch 31 sexuell aktive Jahre bevor, bei einer Lebenserwartung von noch mindestens 50 weiteren Jahren. Paare und solche, die es werden wollen, sollten sich daher entweder auf diese Diskrepanz einstellen – oder einen Altersabstand wählen, der die Unterschiede zumindest ein wenig ausgleicht.

Zeit für Streicheleinheiten

Händchen halten hilft

Ein Kuss ist eine Sache,
für die man beide Hände braucht.

Mark Twain

Wie steht es eigentlich um diese beneidenswerten Paare, die permanent Händchen halten, kuscheln und Küsschen austauschen? Die gar nicht voneinander lassen können – auch dann nicht, wenn sie in Gesellschaft sind. Fühlen sie sich etwa so unsicher, dass sie sich andauernd ihrer Bindung und Zuneigung versichern müssen? Halten sie den anderen fest? Oder haben sie den Königsweg der Liebe gefunden und schaffen es noch nach vielen Jahren des Zusammenseins, verliebt wie am ersten Tag füreinander zu schwärmen und dies auch aller Welt immer und überall zu zeigen?

Wer einen Partner gefunden hat und lange mit ihm zusammenbleiben möchte, sollte den beiläufigen Körperkontakt und die kleine Zärtlichkeit zwischendurch auf keinen Fall vernachlässigen. Damit ist nicht primär der Sex gemeint. Schon Händchenhalten hilft: James Coan von der University of Virginia hat im Hirnscanner genauer erforscht, warum wir uns so gern an der Hand halten – und warum das so unglaublich guttut.

Die Studien mit Hilfe sogenannter funktioneller Kernspinaufnahmen, bei denen die besonders regen Hirnregionen aufleuchten, geben zwar nur Auskunft darüber, dass in bestimmten Zentren gerade viele Nervenzellen und -verbindungen aktiv sind, ohne dass man über die Qualität dieses Austausches Genaueres wüsste. Da sich die Orte höchster Nervenaktivität aber mittlerweile ziemlich gut lokalisieren lassen, sind diese Studien als Hinweise auf mögliche Gefühle und Gedanken dennoch hilfreich.

In zahlreichen Studien hat Coans Team beobachtet, dass Händchenhalten nicht nur das subjektive Bedrohungsgefühl senkt, sondern dass die lindernde und stärkende Wirkung auch an vielen anderen Körperfunktionen abzulesen ist. Die motorische wie die emotionale Anspannung werden durchs Händchenhalten sofort geringer, und ebenso sinkt die Schmerzwahrnehmung – das erleichtert und verlängert den Zusammenhalt in der Beziehung.[48]

Das gilt übrigens nicht nur für Liebespartner, sondern genauso für Freunde: Sind gute Bekannte dabei, wirkt sogar ein Berg weniger steil. Allein empfinden Menschen einen Hügel als steiler, als wenn ein guter Freund dabei ist. Je länger und besser man den Freund kennt, desto flacher erscheint der Anstieg sogar. Dass am Berg geschlossene Freundschaften oder gar die Liebe in Seilschaften besonders lange hält, ist aber nur ein Gerücht und konnte von der Wissenschaft bisher noch nicht bestätigt werden.

Massieren – und die Klappe halten

> Von einer Frau kann man alles erfahren,
> wenn man keine Fragen stellt.
> *William Somerset Maugham*

Dass Männer und Frauen unterschiedlich sind, hat sich mittlerweile herumgesprochen. Erstaunlich ist allerdings, wie groß diese Unterschiede zwischen den Geschlechtern im Erleben von Stress sind. Werktage empfinden Männer wie Frauen noch als ähnlich belastend. Am Wochenende sind Frauen jedoch zumeist weniger glücklich als Männer. Womöglich liegt das daran, dass sie ihren Partner dann länger zu ertragen haben – und er nicht so gut weiß, was ihr in dieser gemeinsamen Zeit guttut.

Was Männer und Frauen einander antun müssen, um sich das Leben zur Hölle zu machen, wissen die meisten Menschen in Zweierbeziehungen hingegen ganz gut. In Partnerschaften erkennen beide schnell, was den anderen zur Weißglut treibt. Wie man sich guttun kann und einander stärken, ist allerdings weitaus weniger verbreitet. Dabei gibt es ein paar einfache Tipps und Tricks, die helfen, sich gegenseitig aufzubauen, statt sich niederzumachen und die Beziehung immer weiter zu destabilisieren.

Männer helfen ihren Frauen oder nicht verheirateten Partnerinnen in belastenden Situationen dann am besten, wenn sie ihnen den Nacken massieren und ansonsten schweigen, hat der Psychologe Markus Heinrichs von der Universität Freiburg entdeckt.[49] Sein Team wählte dazu eine originelle Versuchssituation: Die freiwilligen Probanden wussten, dass sie in wenigen Minuten vor einem unbekannten Publikum frei reden sollten und anschließend von einer Zahl wie beispielsweise 2343 immer wieder 87 subtrahieren sollten. Dabei waren Fehler unvermeidlich, und sollten die Rechnungen dennoch stimmen, stachelten die Studienleiter die Teilnehmer mit Zurufen wie »Schneller, schneller« oder anderen irritierenden Kommentaren an.

Vor dieser Belastungsprobe wurden die Teilnehmer der Studie mit ihrem jeweiligen Partner in einem Raum allein gelassen. Dort konnten sie reden, schweigen, spielen und sich an erotisch unverfänglichen Körperstellen berühren. Die Stresshormone der Frauen wurden dann am effektivsten gesenkt, das heißt, ihr Puls, ihre Atmung und der Blutdruck näherten sich wieder Normalwerten an, wenn sie ohne weiteren Kommentar von ihrem Partner im Nacken massiert wurden. Kein Wort, keine Seelenmassage, sondern es ging nur um bloßes Handauflegen. Versuchten die Männer hingegen, die Frauen verbal zu beruhigen, während sie unter Stress standen, hatte dies kaum positive Auswirkungen auf die körperlichen Alarmreaktionen. Im Gegenteil, die Frauen fühlten sich sogar stärker belastet.

Für Männer galt hingegen die umgekehrte Regel. Standen sie vor der unangenehmen Aufgabe, wollten sie vor allem mit der Partnerin reden und von ihr Verständnis und Zuspruch signalisiert bekommen: Sie musste ihm sagen, dass er die Probe schon meistern würde – und anspornen wie einen Sportler vor dem Wettkampf: »Du bist der Beste, du schaffst es.«

Fühlten sie sich auf diese Weise unterstützt und gestärkt und zudem ihrer engen Bindung an den Partner versichert, reagierten die Männer weit weniger stark auf Stress und erwiesen sich bei den anschließenden psychischen Belastungen als robuster. Sie hatten geringere Angst und wurden auch bei schwierigen Aufgaben nicht so nervös.

Flüchtige Berührungen

Harte Stühle machen hartherzig, weiche milde. Wer unangenehme Aussprachen oder schwierige Verhandlungen mit dem Partner vor sich hat, sollte daher besser darauf achten, dass sein Gegenüber möglichst bequem sitzt. Das beeinflusst den Ausgang des Treffens wahrscheinlich positiv. Auch schmeichelnde Polster, Stoffe und sonstige angenehm zu berührende Oberflächen stimmen den anderen freundlicher. Zu diesen erstaunlichen Ergebnissen sind Psychologen aus Harvard und Yale gekommen.[50]
Berührungsempfindungen beeinflussen die Atmosphäre, das Sozialverhalten und alltägliche Entscheidungen. Je angenehmer die Berührungen, desto mehr werden Stimmung und Charakter gemildert. Die Forscher hatten zufällig ausgewählte Passanten in der Nähe ihres Campus gefragt, ob sie an dem ungewöhnlichen Versuch teilnehmen würden. In verschiedenen Experimenten hielten die Probanden mal schwere, mal leichte Schreibunterlagen oder sie mussten ein Puzzle mit rauhen oder glatten Teilen lösen. Zudem berührten sie beiläufig harte oder weiche Gegenstände und saßen auf harten Stühlen oder in weichen, mit Kissen gepolsterten Sesseln. Anschließend mussten sie die Eignung von Bewerbern

beurteilen, die Schärfe einer Auseinandersetzung bewerten, den Preis für einen Gebrauchtwagen aushandeln und andere Einschätzungen abgeben. Trugen die Teilnehmer eine schwere Schreibunterlage, urteilten sie strenger über die Bewerber. Hatten sie rauhe Puzzle-Teile angefasst, bewerteten sie eine Auseinandersetzung als feindseliger. Und wer auf einem harten Stuhl saß, war weniger kompromissbereit in Verhandlungen. »Die Prägung unseres Verhaltens erfolgt auch durch die Rückseiten unserer Hosen«, sagt der Yale-Psychologe John Bargh. »Der Gemütszustand und unser Verstand sind sehr eng mit dem Körper verknüpft.«

Taktile Erfahrungen einer schroffen, harten, kalten oder eben weichen, glatten, warmen Oberflächenbeschaffenheit gehören zu den ersten physischen Konzepten, die das frühkindliche Gehirn aufnimmt. Der Tastsinn ist der erste Sinn, der sich entwickelt. Meist sind körperliche Nähe, Zuwendung und Trost mit angenehmen und warmen Berührungen verbunden. Ein Lächeln wird daher als warmherzig empfunden. Die Sinneseindrücke dienen während des Wachstums als Bezugsrahmen für die spätere Zuordnung von Charaktermerkmalen und sozialen Eigenschaften. Das Verständnis der Welt entsteht und formt sich aus den Berührungen, die man erfährt. »Der Tastsinn wird in der Verhaltensforschung vermutlich am meisten unterschätzt«, sagt der Psychologe Christopher Nocera. »Wie wir uns begrüßen, ob per Handschlag oder mit einem Wangenkuss, beeinflusst unbewusst wahrscheinlich auch unser Sozialverhalten.«

Die Forscher um Bargh hatten schon in einer früheren Untersuchung zeigen können, dass Wärme warmherzige Gefühle auslöst – selbst wenn man für kurze Zeit im Aufzug einen Kaffee für jemand Fremdes trägt, dem ein Papierstapel heruntergefallen ist.[51] Probanden, die für einen Moment ein warmes Getränk hielten, beschrieben eine Situation und andere Menschen deutlich positiver als jene Teilnehmer, die ein kaltes Getränk, etwa einen Eiskaffee, tragen mussten. Begriffe wie »warmherzig«, »ein harter Tag« oder »gewichtige Entscheidungen« sind womöglich mehr als nur Metaphern. »Diese physischen Erfahrungen bilden nicht nur die Grundlage für unsere Gedanken und Wahrnehmungen, sondern sie beeinflussen auch, wie wir gegenüber anderen auftreten«, erklärt Bargh. »Manchmal ist unser Verhalten nur davon abhängig, ob wir gerade auf einem harten statt auf einem weichen Stuhl sitzen.« Für Paare kann das nur bedeuten, sich möglichst weich und kuschelig einzurichten – und nicht auf harten Designer-Möbeln schwierige Beziehungsdiskussionen auszufechten.

Zärtliche Worte finden

> Ich habe niemals ein Kaninchen so sehr geliebt wie dich.
>
> *Falsches Spiel mit Roger Rabbit*

Auch wenn es sich offenbar ausschließt, dass Paare seit Jahren oder Jahrzehnten zusammen sind und noch aufregenden Sex haben, gibt es ein paar Empfehlungen aus der paartherapeutischen Apotheke, die das Liebesleben spannender gestalten helfen. Wenig hilfreich und unbedingt zu vermeiden sind abschätzige Bemerkungen über den anderen. Dabei ist es egal, ob es um den Fahrstil, die Kleidung oder das Verhalten des Partners geht.

Wer permanent von einer Eigenheit des anderen genervt ist, sollte eher nach den tieferen Ursachen fahnden und sich um Abhilfe bemühen – sonst droht dem Paar das Schicksal, das Kurt Tucholsky in einem seiner Aphorismen skizziert hat: »Sie ließ sich beizeiten von ihm scheiden, weil er Witze um die entscheidende Nuance zu langsam erzählte.«

Unbedingt zu vermeiden sind negative Bemerkungen über das Sexualverhalten und die diesbezüglichen Qualitäten des Partners. Das heißt nicht, dass man sich alles gefallen lassen und alles mitmachen sollte. Aber besser ist es, freundliche oder aufmunternde Worte über den Partner und die Beziehung zu finden. Witze oder anzügliche Äußerungen über die Größe, das Aussehen oder den Aggregatzustand der Geschlechtsorgane oder anderer Körperteile des Partners sind hingegen nicht zu empfehlen.

Selbst wenn man sich gut kennt, sind dies äußerst heikle Anspielungen, die das Vertrauen und das Zusammengehörigkeitsgefühl untergraben, als verletzend empfunden werden können, obwohl sie vielleicht heiter gemeint sind. Stattdessen kränken sie dauerhaft.

Man muss seinem Partner auch nicht in allen Details von seinen sexuellen Fantasien berichten. Sexualwissenschaftler empfehlen, von den Fantasien einer dritten Person zu sprechen, um vorsichtig mit dem Thema zu beginnen. Das heißt aber nicht, dass man einander nicht sagen sollte, was einem gefällt und was nicht. Der andere kann ja nicht ahnen, was man mag und was nicht. Und nichts sollte unter Zwang geschehen: Dass man alles darf, aber nichts muss, sollte sich mittlerweile herumgesprochen haben. Wenn das Miteinander als befriedigend und erfüllend erlebt wird, gilt eine wichtige intime Umgangsregel: Auch wer höflich und freundlich ist, sollte sich auf keinen Fall beim Partner für die erlebte Zärtlichkeit bedanken. Dass es schön war und gefallen hat, kann man auf andere Weise verständlich machen – Sex ist ja keine soziale Dienstleistung.

Bloß kein Ekel vor dem anderen

> Lass mich dein Badewasser schlürfen,
> einmal dich abfrottieren dürfen,
> und deine Oberweite messen
> und alle andern Frau'n vergessen, vergessen ...
>
> *Die Vielharmoniker*

Sigmund Freud hat das paradoxe Verhalten von frisch Verliebten hübsch auf den Punkt gebracht: Ein Mann, der eine Frau leidenschaftlich auf den Mund küsst, wird sich wenig später womöglich davor ekeln, ihre Zahnbürste zu benutzen. Sexuelle Begierde wie auch Ekel sind zwar Empfindungen, die beide zu den Grundeigenschaften des Menschen gehören, doch sie können sich gegenseitig im Weg stehen. Wer mit einem anderen Menschen intim werden will, der muss naturgemäß gewisse Ekelschwellen überwinden. Denn Sex ist nun mal nicht sauber, sondern unordentlich, feucht und ohne den Austausch von Körperflüssigkeiten schwer vorstellbar.

Sind Frauen sexuell erregt, steigt passenderweise ihre Ekel-
schwelle an, das heißt, sie können mehr Situationen ohne
Abscheu ertragen, die sie ansonsten unangenehm finden
würden.[52]
Das fanden Wissenschaftler der Universität Groningen mit
Hilfe einer sehr originellen Versuchsanordnung heraus. Sie
ließen 90 Freiwillige verschiedene Filme anschauen. Je
35 Minuten lang sahen die Probandinnen entweder einen
frauenfreundlichen Erotikfilm oder einen Sportfilm über
Bergsteiger oder Fallschirmspringer, der das Adrenalin im
Blut steigen ließ. Einer dritten Gruppe wurde ein neutraler
Film von einer langweiligen Zugfahrt mit eintönigen Land-
schaftsaufnahmen gezeigt. Anschließend mussten die Teilnehmerinnen des Experiments angeben, wie sehr sie die Filme allgemein aufgeregt und sexuell erregt hatten.
Danach erhielten sie verschiedene Aufträge, beispielsweise
sollten sie aus einer Tasse trinken, in der ein Insekt schwamm,
und sich die Hände mit einem offensichtlich stark ver-
schmutzten Tuch abtrocknen. Was sie nicht wussten: Das
Insekt war aus Plastik und das Handtuch zuvor mit Tinte so
hergerichtet worden, dass es äußerst dreckig aussah. Eine
andere Aufgabe bestand darin, einen Vibrator mit Gleitmittel
zu befeuchten. Die Frauen konnten sich den Vorgaben aber
auch verweigern.
Jene Probandinnen, die durch den Erotikfilm zuvor sexuell
erregt worden waren, zeigten weitaus weniger Ekel vor den
sexuell wie den nicht sexuell konnotierten Verhaltensaufga-
ben als jene, die durch das Sportvideo mit Adrenalin aufge-
putscht waren oder die nur den öden Film mit dem Zug in
der Landschaft gesehen hatten. »Sexuelle Erregung senkt

das natürliche Ekelempfinden«, so die Schlussfolgerung der Autoren. »Im Allgemeinen werden die mit Sex verbundenen Reize als hochgradig abstoßend wahrgenommen«, sagt die Psychologin Charmaine Borg von der Universität Groningen, die Leiterin der Studie. »Speichel, Schweiß, Samenflüssigkeit und Körpergeruch gehören zu den stärksten Auslösern von Ekel. Dies führt zu der faszinierenden Frage, wie man es überhaupt schafft, Spaß am Sex zu haben.« Offensichtlich schwächt sexuelle Erregung die Hemmungen so stark ab, dass es irgendwann kein Problem mehr ist, sich den ansonsten abstoßenden Reizen trotzdem hinzugeben.

Wenn eine Frau in einer langjährigen Beziehung nicht nur keine Lust mehr auf ihren Partner empfindet, sondern sich sogar vor ihm ekelt, steht es hingegen schlecht um die Beziehung. Bei Männern zeigt sich eine ähnliche Reaktion auf Ekel.[53] Waren sie sexuell erregt, sanken ihre Hemmungen ebenfalls, und es machte ihnen weniger aus, gebrauchte Kondome anzufassen oder in einen Topf mit kalter Erbswurstsuppe zu fassen.

Warnsignal – sie will ständig in die Badewanne

Männer können ja gar nicht richtig baden. Das ist ihnen zu umständlich, dauert den meisten Herren auch viel zu lange. Die große Schaumsause mit Kerzenschein, gedämpfter Musik und wohlriechenden Essenzen ist hingegen der Hochgenuss für viele Frauen, die sich selbst verwöhnen wollen und über genügend Zeit und ausreichend große Durchlauferhitzer verfügen. Argwöhnisch sollte der Partner allerdings werden, wenn sie plötzlich ständig warm baden will – denn das könnte ein Anzeichen dafür sein, dass sie sich vernachlässigt fühlt.[54]

Neuere Untersuchungen haben ja gezeigt, dass die physikalische Wärme der Umgebung sich darauf auswirkt, wie freundlich und warmherzig man gestimmt ist: Ein warmes Getränk und gemütliche Polster können positive Gefühle auslösen, ein kaltes Getränk und rauhe Oberflächen hingegen kratzbürstige Reaktionen und ein Klima sozialer Kälte. Es ist daher nicht verwunderlich, dass Menschen ihr Bedürfnis nach Nähe, Warmherzigkeit und Geborgenheit selbst regulieren, indem sie es sich äußerlich warm und kuschelig machen. Sie sind sich dessen nur selten bewusst, aber in Versuchen mit Freiwilligen zeigte sich, dass Menschen, die sich einsam fühlten, häufiger heiß duschten oder badeten und diese Waschrituale genüsslich ausdehnten.

Wer umgekehrt vermehrt Kälte ausgesetzt war und in schlecht geheizten Räumen ausharren musste, fühlte sich oft auch einsamer und hatte eher den Eindruck von sozialer Kälte. Wurden Probanden an eine schmerzhafte Situation erinnert, in der sie abgewiesen und enttäuscht wurden, linderte sich das unangenehme Gefühl, wenn sie sich in einer äußerlich warmen und behaglichen Umgebung befanden.

Als Hinweis auf fehlende Nestwärme oder Geborgenheit verstehen die meisten Menschen es allerdings nicht, wenn ein Partner oder Freund plötzlich häufiger und länger baden will – ebenso wenig als einen Schrei nach Liebe, wenn der andere sich ständig in der Sitzlandschaft einkuschelt. Doch immerhin funktioniert die Selbstregulation im Alltag, so dass fehlende psychische Wärme zumindest im gewissen Grade durch äußerliche Wohlfühlatmosphäre ersetzt werden kann. Für die Partnerschaft ist es jedoch wichtiger, sich frühzeitig um den anderen zu kümmern, bevor er Trost in Ohrensesseln und Kissenburgen sucht.

Die Heilkraft der Liebe

Die kleine Zärtlichkeit zwischendurch

> Ehe: die gegenseitige Zärtlichkeit von zwei Schleifsteinen.
>
> *John Osborne*

Die Art und Weise, wie man nach getaner Arbeit zu Hause empfangen wird, hat großen Einfluss auf das Wohlbefinden und die Gesundheit. Es macht einen erheblichen Unterschied, ob sie ihn herzt oder an ihm herummäkelt, wenn er ermattet heimkommt. Auch umgekehrt ist es etwas anderes, wenn er mit einem Strauß Blumen und einer warmen Mahlzeit auf sie wartet und nicht nur gereizt bemerkt, dass der Abwasch noch nicht erledigt ist.

Was viele stressgeplagte Berufstätige schon lange ahnen, wurde nun auch wissenschaftlich erhärtet: Kardiologen aus Toronto konnten zeigen, dass eine herzliche oder besser: zärtliche Begrüßung durch den Partner den Blutdruck senkt und etliche weitere segensreiche Auswirkungen auf die Gesundheit hat.[55] Sie betonen, dass diese gute Nachricht für Mann und Frau gleichermaßen Gültigkeit hat.

»Die Belastung am Arbeitsplatz hat erheblichen Einfluss auf den Blutdruck«, sagt Sheldon Tobe, der die Studie geleitet hat. Für ihre Untersuchung hatten die Ärzte 216 Männer und Frauen ein Jahr lang beobachtet. Zu Beginn wurden bei allen Teilnehmern in einer vierundzwanzigstündigen Aufzeichnung die Blutdruckschwankungen während eines Arbeitstages ermittelt. Im Jahresverlauf und am Ende der Studie wurde erneut der Blutdruck bestimmt.

Die Testpersonen mussten zudem angeben, ob und, wenn ja, in welchen Familienverhältnissen sie lebten und wie sie ihren »partnerschaftlichen Zusammenhalt« einschätzten. Zudem wurde der Belastungsgrad während der Arbeit ermittelt. »Wir brauchen zwar eine gewisse Anspannung, um motiviert zu sein«, bestätigt Charmaine Griffiths von der britischen Herzstiftung. »Aber der Blutdruck steigt unter zu viel Stress an.« Dies wiederum gilt als Ursache für Herzinfarkt, Schlaganfall und andere Krankheiten.

Am Ende der Studie zeigte sich, dass der Blutdruck bei denjenigen Probanden um 2,5 Punkte gegenüber dem Durchschnitt sank, die während der Arbeit starken Belastungen ausgesetzt waren, aber am Feierabend freundliche Zuwendung vom Partner bekamen. Obwohl sich der Blutdruck nur wenig verringerte, ist dieses Ergebnis von Bedeutung. Denn mit zunehmendem Alter steigt er normalerweise an. Bei denjenigen, die Stress während der Arbeit hatten und von keinem sehnenden Herz erwartet wurden, pochte das Blut denn auch mit einem um 2,8 Maßeinheiten erhöhten Druck in den Adern.

Natürlich gibt es berechtigte Kritik an der Untersuchung. Aber eine Studie zur Herzlichkeit und dem Kussverhalten unter Partnern kann nun mal schlecht »geblindet« geplant werden, wie es üblicherweise wissenschaftlichen Standards entspricht. Bei geblindeten Studien wissen die Probanden nämlich nicht, ob sie die richtige oder eine Scheinbehandlung erhalten. Doch die Wirkung eines Begrüßungskusses kann man eben nicht über Vergleichsgruppen kontrollieren.

Immerhin haben die Forscher Variablen wie akute Verliebt-heit ausgeschlossen. Denn weiche Knie treiben den Blut-druck in gefährliche Höhen. Deshalb beschränkten sich die Forscher auf Paare, die schon mindestens ein halbes Jahr zusammenlebten. Der Einwand, dass es nicht wünschens-wert sei, durch Zärtlichkeit den Blutdruck zu senken, lässt sich auch entkräften: Schließlich sind die untersuchten Paare zwischen 40 und 65 Jahre alt. In dieser Lebensphase geht es nur noch selten um Aufwallungen in den Adern, sondern um ruhig Blut.

Gemeinsam abwehrfähig bleiben

> Wenn die Liebe ein Medikament wäre –
> der Beipackzettel wäre ein dickes Buch.
> *Ernst Ferstl*

Auch wenn es manche Eheleute vielleicht nicht gern hören: Der normale Wahnsinn in einer Partnerschaft ist gesund. Wenn sich Mann und Frau den Alltag nicht ständig zur Höl-le machen, bleiben Paare eher von Krankheiten verschont und leben länger als Alleinstehende. Scheidungen oder ein Dasein als Single sind hingegen Gift für das Wohlbefinden. Trennung oder der Tod des Partners können nämlich sehr lange nachwirken, und die gesundheitlichen Nachteile wer-den auch dann nicht ausgeglichen, wenn die Getrennten oder Verwitweten erneut heiraten.[56] Das klingt erst einmal nach einem Widerspruch, ist aber keiner.

»Unter denjenigen, die aktuell verheiratet sind, geht es den ehemals Geschiedenen gesundheitlich deutlich schlechter«, sagt die Soziologin und Altersforscherin Linda Waite. »Wer nicht erneut heiratet, dem geht es sogar noch schlechter.« Waite ist zu diesem Ergebnis gekommen, nachdem sie gemeinsam mit der Gesundheitswissenschaftlerin Mary Elizabeth Hughes mehr als 8600 Menschen im Alter zwischen 51 und 61 Jahren untersucht hat.

In zahlreichen Studien ist bereits gezeigt worden, dass die Ehe sowie ein großer Freundeskreis und vielfältige gemeinschaftliche Aktivitäten die Gesundheit fördern und das Leben verlängern können. Die beiden Wissenschaftlerinnen analysierten jedoch zusätzlich, wie es sich auf die Gesundheit auswirkte, wenn die Partnerschaft endete und danach einer der beiden wieder heiratete. Demnach waren unter den Geschiedenen und Verwitweten die Herzerkrankungen, aber auch Diabetes, Krebs und andere chronische Leiden um 20 Prozent häufiger als unter Eheleuten. Schwierigkeiten beim Treppensteigen oder Gehen kamen bei den Getrennten im Alter sogar um 23 Prozent häufiger vor.

Wer nach einer Scheidung oder dem Tod des Partners erneut heiratete, dem ging es dadurch gesundheitlich auch nicht viel besser. Im Vergleich zur Gruppe derer, die keine Trennung hinter sich hatten, waren unter den Wiederverheirateten 19 Prozent mehr Teilnehmer im Alter in ihrer Beweglichkeit eingeschränkt, und zwölf Prozent mehr litten unter chronischen Erkrankungen. »Veränderte Lebensbedingungen scheinen sich akut auf die Stärke von Leiden wie eine Depression auszuwirken«, sagt Linda Waite. »Im Gegensatz dazu entwickeln sich Krankheiten wie Diabetes oder Herzschwäche viel langsamer.« Also: Durch so einschneidende Erfahrungen wie eine Trennung kann die Gesundheit dauerhaft beeinträchtigt bleiben, auch wenn die Person später erneut heiraten sollte.

»Partnerschaftlicher Zusammenhalt ist ziemlich gesund«, sagt der Kardiologe Sheldon Tobe, der gezeigt hat, wie eine zufriedene Ehe Herz und Gefäße schützen kann.[57] »Die Ehe ist fast für jeden Menschen ein Gewinn, und man kann nur verlieren, wenn sie endet«, sagt Linda Waite. Was für ein Appell an zerstrittene Paare: Wenn schon die Liebe weitgehend verlorengegangen ist, sollte man wenigstens aus gesundheitlichen Gründen zusammenbleiben.

Liebe ist stärker als der Schmerz

Wer Hals über Kopf verliebt ist, spürt zwar eine ganze Menge. Aber die Emotionen sind doch recht einseitig und überschwänglich. Das ist vielleicht der Grund, warum Verliebte auch Pein und Unbill besser ertragen: Wenn alles in Rosarot getaucht ist, haben miese Gedanken und Stimmungen einfach keinen Platz im Hirn. Und sogar Schmerzen werden auf einmal erträglicher. Liebe scheint in dieser Hinsicht ähnlich zu wirken wie Schmerzmittel oder sogar wie Kokain.

Forscher der Stanford Universität haben dazu einen interessanten Versuch gestartet. Sie hingen Zettel auf dem Campus aus, in denen sie Studenten suchten, die sich »in der ersten Phase einer intensiven Liebesbeziehung« befanden.[58] »Schon nach wenigen Stunden hämmerten die Studenten an unsere Tür«, sagt Schmerzexperte Sean Mackey. »Das war bestimmt die Studie an unserem Schmerzzentrum, für die wir am einfachsten Teilnehmer gewinnen konnten – wer so richtig verliebt ist, will ja schließlich aller Welt sofort davon erzählen.«

Die Forscher hatten sich bewusst auf die frühe Phase intensiver Verliebtheit konzentriert. »Wir wollten Teilnehmer, die sich euphorisch und energiegeladen fühlten und die wie besessen an ihren Liebsten dachten und fürchteten, dass sie sterben, wenn sie ihn nicht gleich wiedersehen«, so Mackey. Diese Phase der Liebe gleicht einer Sucht, und ähnlich wie bei der Sucht könnte das Dopamin-System im Gehirn für die Ekstase verantwortlich sein, denn es ist wesentlich für die guten Gefühle zuständig.

Die Freiwilligen mussten für den Versuch Fotos von ihren Liebsten mitbringen, aber auch ein Bild von einem ähnlich attraktiven Bekannten. Dann wurde ihnen ein ansteigender Hitzereiz an den Handflächen verabreicht und ihr Gehirn im Scanner untersucht. Sie ertrugen den Schmerz in drei verschiedenen Versuchen: Einmal sahen sie ihren Liebsten an, einmal die Aufnahme des attraktiven Bekannten – und das dritte Mal wurden sie mit Assoziationsaufgaben abgelenkt, etwa: »Denken Sie an einen Sport, bei dem Bälle keine Rolle spielen.«

Der Anblick des Geliebten, aber auch die Ablenkungsaufgaben ließen die Freiwilligen deutlich mehr Schmerz ertragen. Beim intensiven Anschauen des reizvollen Bekannten störte der Schmerz hingegen weitaus früher. Allerdings wurden unterschiedliche Hirnareale während der Schmerzlinderung aktiviert: Erfolgte die Ablenkung eher mittels kognitiver Regionen, war die Analgesie, also das Ausschalten des Schmerzes durch die Liebe, in erster Linie mit den Belohnungszentren im Gehirn verbunden. »Offenbar werden durch die Liebe primitivere Reaktionen des Gehirns angesprochen. Tiefe Strukturen, die sich auf der spinalen Ebene, mithin dem Rückenmark zugehörigen Bereich, blockieren lassen«, sagt Jarred Younger, der Leiter der Studie. »Das ist auch die Ebene, auf der Schmerzmittel, Opioide und Kokain wirken.« Kein Wunder, dass Liebe abhängig machen kann. Denn das Gehirn bekommt schließlich permanent signalisiert: »Du brauchst das jetzt ganz dringend!« Es sind also nicht unbedingt Medikamente oder gar Drogen nötig, um Schmerzen zu lindern. Und die intensiven Belohnungsgefühle gibt es überdies auch noch ohne schlimme Nebenwirkungen.

Das gesunde Gefühl, gewollt zu werden

> Und doch, welch Glück, geliebt zu werden,
> Und lieben, Götter, welch ein Glück!
> *Johann Wolfgang von Goethe*

Dieses bezaubernde Glück der Liebenden ist fast ein Allheilmittel. Es ist zwar in seiner überwältigenden Fülle häufig schwer zu beschreiben, aber es wirkt sich unmittelbar positiv auf die Gesundheit aus – wie ein unerhört wirksames Medikament, dessen Zusammensetzung bislang nicht bekannt ist. Doch die Partnerschaft allein bestimmt nicht darüber, wie gut es einem geht – es kommt vor allem auf die Qualität der Beziehung an.

In einer Untersuchung aus den siebziger Jahren wurden Männer gefragt:»Zeigt Ihnen Ihre Frau, dass sie Sie liebt?«[59] Von den Männern, die auf diese Frage erfreut mit einem »Ja« antworten konnten, hatten nur halb so viele Herzbeschwerden und Infarkte im Vergleich zu jenen, die bedauerlicherweise nicht das Gefühl hatten, dass sie von ihrer Frau geliebt wurden. Auch wenn sie erhöhte Cholesterinwerte, Bluthochdruck, Bewegungsmangel, Übergewicht und andere typische Risikofaktoren für Herzinfarkt und Schlaganfall aufwiesen, schienen die Männer allein durch das Gefühl, geliebt zu werden, stärker vor diversen Leiden geschützt zu sein.

Ein ähnlicher Zusammenhang ließ sich auch beim Zwölffingerdarmgeschwür zeigen. Forscher aus Cleveland untersuchten mehr als 8000 Männer und legten besonderes Augenmerk auf jene, die dem Satz zustimmen konnten:»Meine Frau liebt mich nicht.«[60] Wer nicht von seiner Ehefrau geliebt und gemocht wurde, entwickelte deutlich häufiger die lästigen Geschwüre. Die Forscher berechneten sogar, dass ein Mann, der von seiner Frau geliebt wird, aber raucht, mäßigen Bluthochdruck und viel Stress hat, ein geringeres Risiko für ein Zwölffingerdarmgeschwür aufweist als jener, der zwar frei von den klassischen Risikofaktoren ist, dafür aber das Gefühl hat, dass er seiner Frau weitgehend gleichgültig ist oder sogar von ihr gehasst oder verachtet wird.

Diese Ergebnisse gelten für Männer wie für Frauen, doch in den vergangenen Jahrzehnten wurden mehr Männer in wissenschaftlichen Studien untersucht als Frauen. Mittlerweile wissen Forscher aber, dass Frauen sogar etwas stärker davon profitieren, wenn die positiven Gefühle in ihrer Partnerschaft überwiegen und sie sich geborgen, geachtet und gemocht vorkommen. So ist etwa von Frauen bekannt, dass ihre Überlebenschancen mit Brustkrebs etwas höher sind, wenn sie emotionalen Rückhalt durch ihren Partner verspüren. Hatten Frauen mit dem Tumor hingegen das Gefühl, dass sie zu wenig Liebe erfuhren, starben in den folgenden fünf Jahren doppelt so viele von ihnen im Vergleich zu jenen, die sich aufgehoben und geliebt fühlten.[61]

Das geliebte Herz hält durch

> Ich glaube nicht, dass verheiratete Männer tatsächlich
> länger leben als ledige. Es kommt ihnen nur länger vor.
>
> *Anonymus*

Es ist ja erstaunlich, dass einem liebenden Herz überhaupt etwas passieren kann. Wenn die Heilkraft der Liebe so groß ist, wie es Wissenschaftler gern behaupten (und Laien gern glauben), dann dürfte das Herz eines liebenden Menschen vor körperlichem Leid eigentlich weitgehend geschützt sein, könnte man vermuten. Das ist natürlich nicht der Fall – auch bei geliebten und liebenden Menschen können die Herzkranzgefäße verkalken und irgendwann dicht machen. Dann droht der Infarkt, und höchste Eile ist geboten: Die verstopften Koronarien müssen aufgedehnt werden, oder ein Bypass hilft und überbrückt die Engstelle, um die Durchblutung des malträtierten Pumpmuskels sicherzustellen. Das Ersatzgefäß hält allerdings auch nicht ewig. Der Bypass kann nämlich ebenfalls wieder verstopfen, und dann droht erneut ein Infarkt. Doch wer liebt und geliebt wird, hat immerhin das Glück, dass sein Bypass länger hält und er dadurch auch länger lebt. Je glücklicher die Ehe, desto besser die Prognose.[62] Zu diesem Ergebnis kamen Ärzte, die 225 Patienten untersuchten, die zwischen 1987 und 1990 einen Bypass gelegt bekamen. Unter den Verheirateten mit Bypass lebten nach 15 Jahren 2,5-mal mehr Patienten als unter jenen, die keinen Ehepartner hatten. Gaben die Herzkranken ein Jahr, nachdem ihnen der Bypass gesetzt worden war, an, mit ihrer Ehe besonders zufrieden zu sein, war ihre Chance gegenüber jenen, die unzufrieden in der Partnerschaft waren, sogar um das 3,2-Fache erhöht, nach 15 Jahren noch am Leben zu sein.

Zum längeren Leben der glücklich verheirateten Herzpatienten trägt sicherlich auch bei, dass sie von ihren Partnern unterstützt und motiviert werden, sich einen gesünderen Lebensstil nach der Operation anzugewöhnen. Hinzu kommen die positiven Effekte auf die Herzkranzgefäße wie auf die Gesundheit allgemein, die durch gute Gefühle und Zuneigung weiter verstärkt werden.[63]

Vernachlässigt und verschnupft

Dass Liebe, positive Gefühle und Geborgenheit gesund sind, zeigt sich nicht nur am verminderten Auftreten von schweren Erkrankungen wie Herzinfarkt, Schlaganfall oder Krebs.

Denn unter sogenannten banalen Krankheiten wie grippalen Infekten mit Schnupfen, Husten, Heiserkeit, unter Sodbrennen, Magenverstimmung oder Blasenentzündungen leiden Frauen ebenfalls häufiger, wenn sie das Gefühl haben, dass sie von ihrem Mann kaum beachtet werden.[64] Es ist offenbar von doppelter Bedeutung, wenn jemand »verschnupft« ist. Und die Triefnase wie auch das Gefühl, vernachlässigt zu werden, hängen miteinander zusammen.

In harmonischen Beziehungen werden beide Partner hingegen deutlich seltener krank. Manche Wissenschaftler und Ärzte haben inzwischen erkannt, dass eine von positiven Gefühlen geprägte Verbindung eine ebenso wichtige und hilfreiche Arznei sein kann wie ein tatsächliches Medikament.

Selbst wenn man kein ausgesprochener Tierfreund ist, muss man anerkennen, dass die Bedeutung einer harmonischen Beziehung für die Gesundheit mittlerweile sogar in der Verbindung zu Haustieren und Zimmerpflanzen nachgewiesen worden ist. Wer sich täglich um seinen Hund oder die Katze kümmert oder auch nur regelmäßig danach schaut, ob die Pflanzen genug Wasser bekommen, genießt allein dadurch bereits einen gewissen Schutz vor Herzinfarkt, Schlaganfall und anderen Zivilisationskrankheiten.[65]

Einer Untersuchung zufolge sind Haustiere sogar gesünder für Herz und Kreislauf als der Ehepartner.[66] Wahrscheinlich liegt das daran, dass man sich mit dem Wellensittich wie mit dem Dobermann nur schlecht streiten kann. Haustiere widersprechen viel seltener, und man kann sich kaum gekränkt von ihnen fühlen.

Wo die Liebe ihren Platz hat

Wahrscheinlich wirkt es ernüchternd, wenn Wissenschaftler die Liebe dingfest machen und im Körper lokalisieren wollen. Seit Jahren sind sie dabei, den Gefühlen bestimmte Moleküle und Nervenbahnen im Gehirn zuzuordnen. Liebe zeichnet sich für viele Menschen aber gerade dadurch aus, dass sie ein ebenso diffuses wie überwältigendes Empfinden und ein unklarer Mischmasch ist. Forscher aus London haben dennoch versucht, der Liebe einen Platz zu geben und sie in Hirnscannern ausfindig zu machen.[67] Zunächst untersuchten sie Freiwillige, die »schwer verliebt« waren, mittels funktioneller Magnetresonanztomographie (fMRI). Diese Technik ist eine Erweiterung der Kernspinuntersuchung. Sie macht sich zunutze, dass Hirnregionen stärker durchblutet werden und das Blut sauerstoffreicher ist, wenn die entsprechenden grauen Zellen besonders stark beansprucht werden. Zeigt eine solche fMRI-Aufnahme erhöhte Aktivitäten in einem Hirnbereich an, schließen Wissenschaftler daraus, dass sich dort ein »Zentrum« der Aufmerksamkeit, Gefühle, Angst oder eben der Liebe befindet. Obwohl diese Technik viele interessante Einblicke ins Denken und Fühlen der Menschen erlaubt, hat sie ihre Grenzen. Die Liebe und andere Empfindungen und Ausdrucksweisen sind zu komplex, um sich allein mit ein paar flackernden Farben in Bildern vom Gehirn erfassen zu lassen. Andreas Bartels und Semir Zeki konnten zeigen, dass die Liebe spezifische emotionale Zentren im Gehirn besonders stark aktiviert. Dazu gehören in beiden Hirnhälften ein Bereich der sogenannten Insel wie auch der »geschweifte

Kern«, der Gyrus cinguli, der Mandelkern und einige Bezirke des präfrontalen Cortex, der ein Teil des Stirnlappens der gefurchten Großhirnrinde ist. Die Forscher erhielten ihre Erkenntnisse über die neuronalen Strukturen der Liebe, indem sie den Teilnehmern verschiedene Aufnahmen zeigten. Neben einem Bild von dem Partner, in den sie verliebt waren, bekamen die Probanden auch Fotos von ähnlich alten und ähnlich attraktiven Menschen gleichen Alters und Geschlechts gezeigt. Während sie diese Vergleichsaufnahmen sahen und im Scanner lagen, wurde im Gehirn kein Liebeszentrum angesprochen.

Die Wissenschaftler waren jedoch erstaunt darüber, dass gleichzeitig zur Aktivierung der für die Liebe typischen Hirnregionen andere Bereiche gedämpft wurden. Aus Sicht der Forscher könnten diese Befunde erklären, warum Verliebte weniger negative Gefühle und weniger Schmerzen erleben und vieles durch die sprichwörtliche rosarote Brille sehen. Offenbar sind die Ausfälle in den Hirnregionen manchmal aber stärker, als selbst Hirnforscher vermutet haben. Anders ist kaum zu erklären, dass frisch Verliebte aus medizinischer Sicht als nicht zurechnungsfähig gelten und manche Ärzte ihren Zustand mit einer psychischen Störung gleichsetzen.

Die Forscher aus London haben in weiteren Studien untersucht, ob und, wenn ja, wie sich die romantische Liebe von der mütterlichen Liebe zu einem Kleinkind unterscheidet.[68] Beides sind ja Erfahrungen, die mit höchsten Glücksgefühlen und großer Euphorie einhergehen – zumindest am Anfang der Beziehung. Müttern wurden deshalb Fotos ihres Babys wie auch die eines ihnen bekannten Kleinkindes gezeigt. In einer zweiten Versuchsreihe sahen sie Bilder ihres geliebten Partners sowie eines ähnlich aussehenden Erwachsenen.

Beim Betrachten des eigenen Kindes wie des Partners wurden nahezu die identischen Hirnareale aktiviert, was erklären könnte, warum manche Männer nach der Geburt des Kindes etwas vernachlässigt werden – die Nervenzentren für die Liebe sind ja schon vom Nachwuchs besetzt. Die Regionen, die während liebevoller Blicke besonders aktiviert werden, sind reich an den Bindungshormonen Oxytocin und Vasopressin, die als »Kuschelhormone« gelten.

Außerdem zeigte sich, dass im Zustand der Liebe diejenigen Hirnregionen unterdrückt werden, die besonders heftig arbeiten, wenn negative Gefühle vorherrschen – etwa wenn man Sorgen wälzt, wenn abwertende Äußerungen gemacht oder andere Menschen schlecht beurteilt werden. Wahrscheinlich ist dies der Grund, warum Liebende sich von übler Nachrede und miesen Gedanken nicht beirren lassen, sondern selbst begeisterungsfähig, positiv und motiviert durchs Leben gehen. Die Liebe ist dann so stark, dass schlechte Gefühle gar nicht erst aufkommen können.

Setzen Sie auf den Kuschelfaktor

Lang anhaltende Probleme zermürben die Menschen auch körperlich. Der Stress setzt ihnen zu. Adrenalin, Noradrenalin und andere Stresshormone wie Cortisol steigen im Blut an, Herz, Kreislauf, Atmung und Stoffwechsel laufen auf

Hochtouren. Was in der Not oder im Kampf kurzfristig sinnvoll ist, macht auf Dauer und ohne Anlass krank. Dabei kann man dem Körper mit bordeigenen Mitteln ein Schnippchen schlagen. Es gibt Gegengifte, wenn die feindlichen Angriffe von innen überhandnehmen. Dopamin etwa gilt als das Belohnungs- und Glückshormon. Wer zufrieden ist, oder sich wenigstens auf dem Weg der Besserung sieht, bei dem finden sich vermehrte Aktivitäten dieser Substanz im Gehirn. Der Rezeptor – das ist die Andockstelle des Hormons im Gehirn – ist aufnahmebereiter, wenn der Mensch entspannt und gelassen ist. Und er wird noch glücklicher und gelassener, wenn Dopamin seine Synapsen überflutet. Es ist eine Art positiver Teufelskreis (oder sagt man Engelskreis dazu?) – und der müsste sich doch nutzen lassen.

Oxytocin ist ebenfalls ein guter Kandidat in Zeiten der Krise. »Das als Bindungshormon bekannte Molekül scheint ein Gegenspieler des Stresshormons Cortisol zu sein, es reduziert offenbar Angst und Aggressionen und erhöht die Schmerzschwelle«, sagt der Freiburger Psychosomatik-Professor Carl Eduard Scheidt. Es wird bei Zärtlichkeiten und emotionaler Nähe ausgeschüttet und gilt daher als das »Kuschelhormon«, das für Verlässlichkeit, Treue und Sicherheit steht. Es verheißt auch enge Bindungen und könnte so eine Brücke zwischen sozialem Gespür und frühen Erfahrungen darstellen – und damit die aktuelle Fähigkeit beeinflussen, mit psychischen Belastungen umzugehen.

Präriewühlmäuse haben einen ziemlich hohen Oxytocin-Spiegel und sind ihren Partnern deshalb monogam ergeben – sie schätzen die feste Beziehung.[69] Gegenteilig verhalten sich ihre Kollegen, die Bergwühlmäuse, die sich wild durcheinander paaren. Die promisken Nager haben kaum Kuschelhormone im Blut. Wird das Oxytocin der Präriewühlmäuse im Labor experimentell gehemmt, werden auch sie plötzlich promisk und sind nicht mehr verlässlich, treu und zärtlich. Bei Menschen ist das Hormon ebenfalls vermehrt aktiv, wenn Mütter ihre Kinder herzen oder Partner einander ewige Liebe schwören und im Liebestaumel sind. Ist Oxytocin für alle daher die naheliegende Lösung, wenn stabile Partnerschaften mit viel Zeit für Zärtlichkeit das Ziel sind? Im Experiment hat das schon geklappt – sogar beim heiklen Thema Geld. An der Universität Zürich entwickelten Probanden, die in einem Planspiel verschiedene Summen investieren sollten, mehr Vertrauen in ihre Spielpartner, nachdem sie Oxytocin in die Nase gesprüht bekommen hatten. Ist der Rezeptor im Gehirn stärker ausgeprägt, legen freiwillige Teilnehmer mehr Geld an.[70]

Oxytocin scheint auch bei Stress beruhigend und stabilisierend zu wirken und das körpereigene Belohnungssystem zu aktivieren. Wie viel des Kuschelhormons bei Jugendlichen und Erwachsenen zur Verfügung steht und aktiviert werden kann, scheint davon abhängig zu sein, wie eng und liebevoll die mütterliche Bindung in den ersten Lebensjahren war.[71]

Davon ist ebenso abhängig, wie in späteren Jahren Stress abgefangen und verarbeitet werden kann und ob jemand eher aggressiv und feindselig oder gelassen und ausgeglichen reagiert, wenn es mal anstrengend oder konfliktreich wird.

Forscher haben das Oxytocin-Spray – das war naheliegend – auch bei Paaren getestet, die miteinander in Streit gerieten.[72]

Dazu untersuchten sie diese mit einem gemeinen Trick: Nach einem bestimmten Muster wurden sie zu einem Streit über ihre Beziehung und ihre typischen Probleme angeregt. Der einen Gruppe wurde Oxytocin in die Nase gesprüht, einer anderen ein Scheinmedikament. Die Auseinandersetzung der Paare wurde gefilmt. Anschließend wurde nicht nur die verbale Kommunikation der Partner ausgewertet, sondern gleichfalls das nonverbale Verhalten; das heißt, es wurde auf Augenkontakt, Gestik, Mimik und Abwehrreaktionen wie inneren Rückzug geachtet. Zudem wurde das Stresshormon Cortisol im Speichel bestimmt.

Das Ergebnis war verblüffend: Oxytocin in der Nase verbesserte die Kommunikation und emotionale Nähe der streitenden Paare ganz erheblich, zudem waren die Cortisol-Werte der Probanden deutlich niedriger, wenn sie zuvor das Kuschelhormon bekommen hatten. »Oxytocin scheint es nicht nur Tieren, sondern auch Menschen einfacher zu machen, aufeinander zuzugehen und sich zu binden«, sagen die Wissenschaftler dieser Studie. »Das Hormon spielt bei engen Beziehungen und dem liebevollen Verhalten von Paaren eine wichtige Rolle.«

Es hilft – Küssen als Therapie

Er: Du hast gesagt, ich darf dich küssen.
Sie: Ja, meine Lippen, nicht meine Speiseröhre.

Desperate Housewives

Für Hygiene- und Infektionsexperten kann ein Kuss eine geradezu fürchterliche Bedrohung sein. Während bereits beim Händeschütteln ungefähr 5000 Keime den Besitzer wechseln und potenziell Krankheiten verbreiten können, sind es beim intensiven Kuss noch weitaus mehr. Bis zu 50 000 Mikroben wandern von Mund zu Mund, wenn zwei Menschen nur lange genug ihre Lippen aufeinanderpressen und die Zungen züngeln lassen. HNO-Ärzte warnen außerdem davor, dass beim unbedachten Kuss auf das Ohr eine Lautstärke von bis zu 130 Dezibel erreicht werden kann. Das entspricht der Lärmbelastung durch ein Düsenflugzeug oder eine Tröte beim Fußballspiel.

Trotzdem ist nicht bekannt, dass sich frisch Verliebte häufiger anstecken oder gar besonders leiden würden. Auch an Hörstürzen, Tinnitus oder anderen Beeinträchtigungen erkranken sie nicht öfter als der weniger küssende Teil der Bevölkerung. Im Gegenteil: Sieht man von den Einschränkungen des Verstandes bei starker Verliebtheit einmal ab, geht es Verliebten sogar ausgesprochen gut.

Die Gründe dafür sind vielfältig, eine der Erklärungen ist immunologischer Natur. Beim Küssen wird das Abwehrsystem angeregt, sich mit den Keimen des anderen auseinanderzusetzen. Da nur die wenigsten der 50 000 Keime Krankheitserreger sind, wird das Immunsystem nicht überfordert, sondern trainiert. Zudem ist akute Verliebtheit mit intensiven Küssen nicht nur ein Fest für die Sinne, sondern für den ganzen Körper: Der Kreislauf kommt in Schwung, die Wahrnehmung ist geschärft, und die Gefühle des Rausches und der Begeisterung führen dazu, dass mehr Abwehrzellen und andere den Organismus stärkende Botenstoffe freigesetzt werden.

Wer sich häufig intensiv küsst, tut sogar etwas für seine Cholesterin-Werte.[73] In einer medizinischen Studie, in der Paare aufgefordert wurden, sich »häufiger und länger zu küssen, als sie es normalerweise tun«, zeigte sich, dass die schädlichen Blutfette bei jenen gesenkt wurden, die öfter die Lippen aufeinanderschmiegten. Überdies wirkte sich der regelmäßige Mund-zu-Mund-Kontakt positiv auf das Nervensystem und die Reaktionen des Körpers auf Stress aus. Die Paare waren aufgefordert worden, die Kuss-Therapie mindestens sechs Wochen lang durchzuhalten. Gelang ihnen dies, waren nicht nur ihre Blutwerte in einem günstigeren Bereich, sie stritten sich auch weniger, waren zufriedener mit der Beziehung und verstanden sich wieder besser.

Dieser Effekt ließ sich sogar beobachten, wenn gerade niemand zum Küssen in der Nähe war. Menschen, die in ihrem Umfeld als besonders herzlich galten und andere gern umarmen und ihnen ihre Zuneigung und Wertschätzung zeigen, sind ebenfalls widerstandsfähiger gegen Stress.[74] Bei anstrengenden Denkaufgaben oder nachdem sie einen Konflikt beobachten mussten, reagierten die Probanden in einer Studie mit einer stressinduzierten Belastungsreaktion wie einer Angstreaktion oder kurzzeitigen Wahrnehmungsstörung. Wer herzlich und umgänglich war, konnte jedoch besser damit umgehen und hatte höhere Oxytocin-Spiegel im Blut. Ist

das Bindungshormon erhöht, spricht dies dafür, dass Stress
leichter abgepuffert werden kann und gleichzeitig die Beziehungen zu anderen Menschen tiefer und dauerhafter erlebt
werden.

Wissenschaftler aus Japan haben genauer untersucht, was
sich bei zärtlichem Kontakt im Körper tut und wie sich liebevolle Berührungen auf Gesundheit und Wohlbefinden auswirken. Dazu überließen sie es Paaren, die sich freiwillig zu
der Studie bereit erklärt hatten, sich zu küssen, zu umarmen
und zärtlich miteinander zu sein. Anschließend wurden sie
nach ihrem Befinden gefragt, und die Forscher bestimmten
zusätzlich die Eiweißstoffe im Blut der Probanden.[75]
Dass die Teilnehmer nach dem Küssen und Streicheln zufriedener waren, gelassener und entspannter, überraschte
kaum. Gleichzeitig waren mit den Streicheleinheiten aber
auch verschiedene Proteine im Blut angestiegen, darunter
Albumin und Beta-2-Microglobulin. Das sind schützende
und das Abwehrsystem stärkende Substanzen. Fühlten sich
die Paare hingegen unsicher und irritiert, sanken die Kon-
zentrationen dieser Eiweißstoffe. Die Wissenschaftler
schließen daraus, dass Küssen und Zärtlichkeit den Körper
stärken und die Gesundheit fördern, während gleichzeitig
Stress abgebaut und besser verarbeitet wird.
Wissenschaftler aus Zürich haben diese Ergebnisse bestätigt. Die Schweizer Psychologen und Psychiater beobachteten, dass Küsse und andere Gesten der Zuneigung zwischen
Ehepartnern die biologischen Spuren von berufsbedingtem
Stress im Körper mindern halfen.[76] Dazu wurden Paare untersucht, von denen allesamt beide berufstätig waren. Die
Partner berichteten, wie viel Zeit sie mit Küssen und anderen

Liebesbekundungen verbrachten, wie sie ihr Gefühlsleben einschätzten, aber auch, wie es ihnen bei der Arbeit erging und wie es ihnen gelang, ihre Mehrfachbelastung in Beruf, Familie und Partnerschaft zu bewältigten. Zusätzlich wurde bei den Teilnehmern eine Woche lang im Abstand von drei Stunden die Konzentration des Stresshormons Cortisol im Speichel bestimmt.

Wenn die Partner sich häufig küssten und regelmäßig Zärtlichkeiten austauschten, waren ihre Cortisol-Konzentrationen im Speichel verringert. Dies galt ebenso für die Paare, die über Probleme und Unzufriedenheit im Beruf klagten.

»Offenbar puffert der Austausch von Intimitäten die Cortisol-Erhöhung ab, zu der es durch Stress bei der Arbeit kommen kann«, schreiben die Autoren. »Eine glückliche Partnerschaft ist gesund und daher wohl der beste Schutz vor den negativen Auswirkungen von Stress.«

In einer anderen Untersuchung haben die Schweizer Forscher getestet, wie sich der Umgang der Paare akut auf das Stresserleben und die Stressantwort des Körpers auswirkt.[77] Dazu wurden Frauen im Alter zwischen 20 und 37 Jahren, die schon mindestens zwölf Monate mit ihrem Partner zusammenlebten, in drei Gruppen eingeteilt. Die einen sahen ihren Partner vor dem Stresstest überhaupt nicht. Die anderen wurden direkt vor dem Test verbal von ihm unterstützt, das heißt, sie konnten sich aufmunternd mit ihm unterhalten. Die dritte Gruppe schließlich hatte etwa zehn Minuten Körperkontakt − allerdings nur in Form einer zärtlichen Massage an Hals und Schultern. (Ähnlich wie bei dem schon erwähnten Experiment mit dem Handauflegen, siehe S. 86) Dann kam der Belastungstest.

Wer zuvor ein paar Minuten vom Partner berührt worden war, hatte in der Stressphase deutlich weniger Cortisol im Speichel. Auch der Herzschlag stieg bei jenen Frauen nicht so stark an. Die rein verbale Unterstützung führte hingegen nicht dazu, dass der Stress vom Körper besser abgefangen wurde – Alarmmoleküle im Blut und der Pulsschlag waren genauso erhöht wie bei den Frauen, die ihren Partner zuvor gar nicht gesehen, berührt oder gesprochen hatten. Reden allein hilft also nicht immer. Manchmal muss man sich einfach nur ganz fest in den Arm nehmen und küssen – allein schon aus gesundheitlichen Gründen.

Affären, Untreue, Eifersucht

Wer anfällig für Seitensprünge ist

> Sie: Die meisten Ehen zerbrechen nicht an Untreue.
> Sie ist nur das Symptom, dass irgendetwas nicht in Ordnung ist.
> Er: Was du nicht sagst. Dieses Symptom vögelt gerade meine Frau!
>
> *Harry und Sally*

Untreue kann jede Beziehung zermürben und zerstören. Auch wenn es viele Paare schaffen, darüber hinwegzukommen, ist ein Seitensprung fast immer ein Grund für schwere Auseinandersetzungen, manchmal sogar der Anlass für eine Trennung. Welche Paare besonders anfällig dafür sind, dass einer von beiden fremdgeht, ist bisher allerdings noch wenig untersucht worden. Dabei gibt es durchaus Muster, die es wahrscheinlicher machen, dass einer den anderen betrügt – und die lassen sich sogar im ersten Jahr der Ehe erkennen.[78] Und möglicherweise frühzeitig verhindern.

Eine amerikanische Untersuchung von 107 Ehepaaren ergab drei thematische Schwerpunkte, die schon früh auf spätere Untreue hinweisen können: Da sind zum einen typische Persönlichkeitsmerkmale wie ausgeprägter Narzissmus oder ein geringes Selbstbewusstsein. Wer sich hauptsächlich um sich selbst dreht, schnell gekränkt ist und immer wieder Bestätigung braucht, lässt sich auch eher auf einen Seitensprung ein. Hat einer der beiden Partner psychotische Neigungen, steigt er vorübergehend aus der Realität aus, nimmt sie verändert wahr und verarbeitet sie entsprechend, ist er ebenfalls anfälliger für Affären.

Der zweite Bereich betrifft die immer wiederkehrenden Konfliktpunkte einer Beziehung, wozu sexuelle Unzufriedenheit oder starke Eifersucht von einem der beiden Partner gehören. Der dritte Aspekt bezieht sich auf den unterschiedlichen »Wert« der Partner in einer Beziehung. Gilt einer von beiden als weitaus attraktiver, wohlhabender oder beliebter, steigt ebenfalls das Risiko für einen Seitensprung in dieser Beziehung an, besonders wenn der andere Partner das Gefühl hat, ständig unterlegen zu sein.

Manche dieser Eigenschaften lassen sich nur sehr schwer verändern. Gegen chronische Eifersucht und auch gegen das Gefühl, dem anderen permanent unterlegen zu sein und weniger anziehend, lässt sich jedoch durchaus etwas tun. Hilft akut und verbessert das eigene Befinden – und langfristig beugt es lästigen Affären vor.

Kopf oder Körper woanders?
Was den Partner auf die Palme bringt

> Eine anständige Frau ist eine, die nicht (oder nicht mehr) imstande ist,
> mehr als nur einen Mann unglücklich zu machen.
>
> *Henry de Montherlant*

Männer und Frauen sind auf unterschiedliche Weise eifersüchtig, auch wenn Johann Wolfgang von Goethe in seinen *Maximen und Reflexionen* das Gefühl einseitig den Frauen zuordnete, indem er »drei Klassen von Narren« unterschied: »Die Männer aus Hochmut, die Mädchen aus Liebe, die Frauen aus Eifersucht.« Männer reagieren besonders gereizt, wenn sie den Verdacht auf sexuelle Untreue haben, und sie sind eher bereit, die Beziehung zu beenden, wenn sich diese Vermutung tatsächlich bestätigt. Frauen sind hingegen besonders eifersüchtig, wenn sie emotionale Untreue bei ihm zu spüren meinen. Haben sie ihn in Verdacht, gedanklich und mit den Gefühlen bei einer anderen zu sein, sind sie auch schneller bereit, sich zu trennen.

Aus evolutionärer Sicht wird der Unterschied damit erklärt, dass Frauen vor allem ein Interesse daran haben, dass ihr Partner als Versorger erhalten bleibt und es ihnen daher nicht so wichtig ist, ob er zwischendurch mal anderswo seine Keimzellen verteilt.

Diese steinzeitlichen Verhaltensmuster sind offenbar ebenfalls der Grund dafür, dass Männer eifersüchtiger auf Rivalen sind, die als umsichtige Versorger erscheinen. Hat der Nebenbuhler viel Geld und Macht, bereitet dies den Männern anscheinend besonders viel Stress. Zudem zeigt die Eifersucht auf sexuelle Eskapaden der Frauen an, dass Männer dadurch verunsichert werden, ob sie tatsächlich der Vater jenes Kindes sind, das sie bisher für ihres hielten. Folgerichtig steigt das Misstrauen der Männer in der Zeit, in der die Partnerin ihren Eisprung hat – schließlich ist dann die monogame Fortpflanzung besonders bedroht.

Frauen reagieren zwar empfindlicher auf erlebte oder vermutete emotionale Untreue als ihre Partner, sie fürchten aber vor allem jene Konkurrentinnen, die besonders jugendlich und attraktiv wirken. Sie wissen dann, wo ihr Partner mit seinen Blicken und Gedanken ist. Sie sind verzweifelt und machen sich Sorgen, wenn sie spüren, dass er nachlässiger ist und nicht mehr auf sie achtet und sie verwöhnt.

Auf welche Signale Männer und Frauen besonders stark reagieren, haben die Psychologen Achim Schützwohl und Stephanie Koch von der Universität Bielefeld auf originelle Weise gezeigt.[79] Sie spielten 121 Studenten eine CD vor, auf der eine Beziehungsszene zu hören war. Neben 19 neutralen Sätzen kamen ganz beiläufig fünf Sätze in dem Gespräch vor, die als Hinweise für emotionale oder sexuelle Untreue gewertet werden konnten.

Die Studentinnen vermochten sich viel besser an jene Sätze zu erinnern, in denen geschildert wurde, dass er nichts mehr mit ihr unternehmen wollte, Streit mit ihr suchte oder wenn er nicht darauf reagierte, dass sie ihm ihre Liebe offenbarte. Auch wenn er über eine bestimmte Frau nicht mehr reden wollte oder nervös wurde, wenn ein gewisser Name fiel, wurden die Studentinnen hellhörig.

Die Studenten hatten hingegen ein deutlich besseres Gedächtnis für Sätze, in denen beschrieben wurde, dass sich ein Partner plötzlich ungewöhnlich zugewandt verhielt, seinen Kleidungsstil änderte, nicht mehr so schnell sexuell erregt war, beim Sex gelangweilt wirkte oder gar keine Lust mehr auf Intimitäten mit dem Partner hatte. »Der männliche Eifersuchtsmechanismus ist auf die Verarbeitung von Hinweisen auf sexuelle Untreue der Partnerin spezialisiert«, sagt Schützwohl. »Der weibliche Eifersuchtsmechanismus hingegen ist spezialisiert auf die Verarbeitung von Hinweisen auf die emotionale Untreue des Partners.«

Die Versuchsreihe wurde mit den freiwilligen Probanden in zwei unterschiedlichen Situationen durchgeführt. In einem Fall handelte es sich um eine anonyme Beziehungsszene, der sie zuhörten. Im anderen Fall mussten sie bei dem Gespräch, dem sie lauschten, den Eindruck bekommen, ihre eigene Partnerschaft sei bedroht: Es wurde über sie geredet. Erwartungsgemäß war dann die Erinnerung an jene Sätze, die als Hinweis auf Untreue verstanden werden konnten, deutlich stärker ausgeprägt.

Böse auf den Partner oder auf die Konkurrenz?

Das evolutionäre Erklärungsmuster für die angeblich unterschiedliche Eifersucht von Mann und Frau wurde in jüngster Zeit zunehmend hinterfragt. Seit der Steinzeit hat sich das Paarverhalten ja auch ein wenig verändert. Die amerikanischen Psychologen Kenneth Levy und Kristin Kelly haben beispielsweise in ihren Untersuchungen entdeckt, dass es vielmehr auf die Art der Beziehung ankommt, ob sexuelle oder emotionale Untreue mehr verletzt.[80]
65 Prozent der Teilnehmer, die sich in ihrer Partnerschaft ihre Unabhängigkeit bewahrten, fanden sexuelle Untreue kränkender als emotionale – darunter ähnlich viele Männer wie Frauen. Unter jenen, die sich besonders eng an ihren Partner gebunden fühlten und für die die Sicherheit in der Beziehung an erster Stelle stand, galt hingegen bei 77 Prozent der Probanden emotionale Untreue als der schlimmere Verrat.

Gegen wen die negativen Gefühle der Eifersucht gerichtet sind, ist nicht so leicht zu bestimmen wie die Gefühlsrichtungen bei Liebe oder Hass. Für den Philosophen Spinoza beinhaltete Eifersucht daher auch mindestens zwei Gefühle – Hass auf den Partner und Neid auf den Rivalen. Heute verstehen Wissenschaftler Eifersucht als ein komplexes Gefühl mit – je nach Schwerpunkt – unterschiedlichen Adressaten. Da ist die Angst vor dem Verlust der Partnerschaft, aber auch Neid, Ärger, Trauer, Klammern, Selbstmitleid und soziale Demütigung können hinzukommen, wenn sich der Partner abwendet. Kränkung ist ebenfalls dabei, Stendhal zufolge ist »der Schmerz der Eifersucht deshalb so bitter, weil die Eitelkeit sich gegen ihn sträubt«.

Dass sich Eifersucht in erster Linie gegen die Konkurrenz richtet, ist bei Frauen aber zumeist stärker zu beobachten als bei Männern. In Versuchen mit Studenten, die sich vorstellen sollten, dass sich ihr Partner neu verliebte oder fremdging, gaben 71 Prozent der Frauen an, primär eifersüchtige Gefühle gegenüber der Rivalin zu entwickeln. Männer richteten ihre negativen Gefühle hingegen in erster Linie gegen die Partnerin; nur 45 Prozent waren in Gedanken hauptsächlich mit dem Konkurrenten beschäftigt.

Eifersucht und Hormone

> Ehe: gegenseitige Freiheitsberaubung
> im beiderseitigen Einvernehmen.
>
> *Oscar Wilde*

Die Pille hat viele Vorteile, das ist unbestritten. Doch neben der ziemlich sicheren Empfängnisverhütung bei regelmäßiger Einnahme gibt es auch einige Nebenwirkungen. Die körperlichen haben sich weitgehend herumgesprochen, so steigt die Gefahr für Thrombosen und Embolien, und auch das Risiko für Infarkt und Schlaganfall kann durch die Hormongabe erhöht sein.

Die psychischen Auswirkungen der Pille sind hingegen weitaus weniger bekannt. Zwar wissen Frauen, dass ihre Stimmung stärker schwanken kann, wenn sie dieses Hormonpräparat nehmen – und ihre Partner wissen und spüren dies auch. Die Pille wirkt sich aber überdies darauf aus, wie eifersüchtig Frauen reagieren: Diejenigen, die das Verhütungsmittel nehmen, sind nämlich stärker eifersüchtig als solche, die nicht hormonell verhüten.[81] Zudem verändert sich durch die Pille auch der Auslöser ihrer Eifersucht: Während Frauen normalerweise der Verdacht auf emotionale Untreue in Rage bringt, reagierten Frauen, die die Pille nahmen, empfindlicher auf die vermutete sexuelle Untreue ihres Partners.

Das Ausmaß der Eifersucht ist sogar davon abhängig, wie hoch die Östrogen-Dosis in der Pille ist.[82] Frauen, die das Präparat mit einer besonders niedrigen Menge des Geschlechtshormons einnahmen, erwiesen sich als deutlich weniger misstrauisch als jene, bei denen die Östrogen-Dosis höher lag. Zwar sind die Hormonschwankungen bei Frauen insgesamt geringer, wenn sie die Pille nehmen. Trotzdem vermuten Wissenschaftler, dass Frauen, die hormonell verhüten, stärker unter Eifersucht leiden und es daher auch schwerer haben, eine Paarbeziehung zu entwickeln und aufrechtzuerhalten.

Hässlich, aber besser im Bett?

> Mit einer verliebten Frau kann man alles tun, was sie will.
>
> *Gustav Klimt*

Sie sieht umwerfend aus – ihn würde man hingegen am liebsten verstecken. Oder: Er hat einen Traumkörper und ein umwerfendes Lächeln, sie ist ein Mauerblümchen. Immer wieder gibt es solche ungleichen Konstellationen bei Paaren, die für Außenstehende nur schwer zu verstehen sind. Was findet sie bloß an diesem hässlichen Kerl – oder er an dieser unscheinbaren Frau? Sind es etwa die inneren Werte? Oder ist der vermeintlich blasse Partner eine Granate im Bett: schamlos, leidenschaftlich, einfach unwiderstehlich? Als im Jahr 2011 bekannt wurde, dass Arnold Schwarzenegger seine attraktive Frau Maria Shriver mit der, um es freundlich auszudrücken, wenig attraktiven Haushälterin betrogen hatte, fragten sich viele Beobachter: Was findet er nur an ihr? Nun kann man zwar auch über Arnies Attraktivität geteilter Meinung sein, doch der ehemalige Hollywoodstar und Gouverneur von Kalifornien ist erfolgreich, wohlhabend und bewohnt einen perfekt trainierten Körper – alles Merkmale, die neben seinem kantigen Äußeren auf viele Frauen anziehend wirken können. Er hätte viele begehrenswerte und berühmte Frauen haben können, wählte aber eine der unscheinbarsten aus.

Eine Erklärung für diese ungewöhnliche Wahl könnte sein, dass unattraktive Frauen seltener Bestätigung von Männern erhalten und daher besonders begeistert, offen und hingebungsvoll reagieren, wenn sie ein – noch dazu so berühmter – Mann auswählt. Das wirkt sich vermutlich auch auf den Umgang mit ihrer Sexualität aus. Attraktivere Frauen haben hingegen eher höhere Ansprüche an Männer, da sie eine größere Auswahl gewohnt sind und für selbstverständlich halten. Sie können daher berechnender sein, wenn es um die Liaison mit einem Prominenten wie Schwarzenegger geht, da sie wissen, dass sich immer wieder genügend Männer finden werden, von denen sie angebetet werden.

In Schwarzeneggers Fall könnte ein geringes Selbstbewusstsein hinzukommen, dass ihn die Bestätigung von vermeintlich unscheinbaren Frauen suchen lässt. »Die Wahrheit aber ist, dass ich mich immer selbst hinterfrage und ständig an mir zweifle«, bekannte er im Januar 2013 in einem *Stern*-Interview. Zwar fällt Arnie nicht gerade durch Bescheidenheit auf, aber womöglich findet er sich ja in den Abgründen seiner Seele selbst hässlich, was angesichts der wenig ästhetischen Veränderungen, die er in den *Terminator*-Filmen über sich ergehen lassen musste, sogar verständlich wäre.

Der Kopf in fremden Betten? Normal!

Wer treu ist, kennt nur die triviale Seite der Liebe.
Nur die Treulosen kennen ihre Tragödien.

Oscar Wilde

Seitensprünge und Ehebruch liegen eher in der Natur des Menschen als Treue. Untreue ist natürlich, Monogamie unnatürlich. Das ist zumindest die Auffassung etlicher Evolutionsbiologen, die vom steinzeitlichen Verhalten der Jäger und Sammler und den Angewohnheiten mancher Tiere Rückschlüsse auf das Paarungsverhalten des Menschen ziehen. Das heißt aber nicht, dass Ehebruch unvermeidbar wäre. »Es gibt viele Dinge, die natürlich sind, die wir aber trotzdem nicht tun«, sagt der Soziobiologe David Barash, der das ebenso unterhaltsame wie lehrreiche Buch *The Myth of Monogamy* geschrieben hat.[83] »Wir kontrollieren unsere Ausscheidungen, auch wenn das für Primaten wie uns keineswegs natürlich ist. Trotzdem kackt niemand in den Flur. Wenn wir aggressiv sind, wäre es natürlich, dem anderen ins Gesicht zu schlagen. Auch da haben wir uns meistens unter Kontrolle.« Mönche und Nonnen leben meist komplett ohne Sex. Aber selbst sie sind von der Biologie beeinflusst. Sie flüstert jedem etwas ein. Wer sich aber stark genug verpflichtet fühlt, sei es der Religion, einer Idee, einem Menschen, der kann fast alle biologischen Impulse überwinden. Ein entscheidender Aspekt des Menschseins besteht in der Kontrolle biologisch geprägter Verhaltensmuster, auch wenn dies den erwähnten Mönchen und Nonnen zum Leidwesen ihrer Zöglinge längst nicht immer gelungen ist.

Ärzte werden wieder und wieder mit Patienten konfrontiert, die sich beklagen und sogar für krank oder unnormal halten: »Ich bin glücklich verheiratet, habe aber sexuelle Fantasien, in denen andere Frauen vorkommen.« Diese Männer fragen sich dann verzweifelt: »Liebe ich meine Frau nicht? Was stimmt mit mir nicht?« Krankhaft wäre es, wenn sie diese Fantasien nicht hätten, wenn die Biologie ihnen das nicht einflüstern würde. Es gibt manchen Menschen vielleicht mehr Kraft, wenn sie wissen, dass diese Triebe natürlich sind – ohne dass man sie deshalb gleich ausleben muss.

Sogar wenn Menschen sich frisch verliebt haben, kommen sie in den ersten Wochen und Monaten des neuen Glücks gelegentlich auf die Idee, fremdzugehen. Vielleicht nicht handgreiflich – aber in Gedanken. Es ist ganz natürlich, sich nach anderen potenziellen Partnern umzusehen und sexuelle Fantasien zu haben, obwohl man gerade von einer neuen Beziehung entflammt ist. Denn aus evolutionärer Sicht erhöht die Aussicht auf zusätzliche Sexualpartner die Chance auf Fortpflanzung. Alle Lebewesen streben nach diesem reproduktiven Erfolg – nicht nur Tiere, sondern ebenso die Menschen, auch wenn sie oft versuchen, ihn mit Verhütungsmitteln zu kontrollieren.

Anfangs kann der reproduktive Erfolg erhöht werden, wenn man sich auf einen Partner konzentriert. Wenn man sich mit diesem Partner aber bereits vermehrt hat, ist es aussichtsreicher, sich nach anderen umzuschauen. Aus biologischer Sicht ist der Ehebruch daher alles andere als überraschend, wenngleich die Fantasien längst nicht immer in die Tat umgesetzt werden.

Und wenn man sie trotzdem auslebt? Dann ist vielleicht die

Versuchung zu groß gewesen – oder die Attraktion der eigenen Beziehung zu gering. Irgendetwas hat die Hemmschwelle vermindert. Aber zwischen Hormonspiegeln und menschlichem Verhalten existiert keine Korrelation. »Es gibt kein Liebesgift, kein Getränk, in das Amor seine Pfeile tauchen könnte«, sagt David Barash. »Die Sorge um den anderen, sich kümmern – kaum etwas ist so sexy zwischen zwei Menschen. Das ist das Geheimnis. Ich bringe meiner Frau jeden Morgen eine Latte macchiato ans Bett – und wir sind seit mehr als 30 Jahren verheiratet.«

Er will immer, sie ist wählerisch?

> Verkäufer: Wie hoch genau ist das Vermögen,
> das Sie gedenken bei uns auszugeben?
> Ein kleines, ein mittleres oder ein richtiges Vermögen?
> Edward: Ein richtiges, das hab ich doch gesagt.
> Verkäufer: Dieser Mann gefällt mir.
>
> *Pretty Woman*

Der orangerote Clownfisch schätzt Treue und verbringt sein ganzes Leben mit einem Partner. Die Bergwühlmaus paart sich hingegen munter durcheinander und lässt sich nur durch eine Gen-Veränderung oder Hormon-Doping zu Treue und Zweisamkeit zähmen. Der Mensch verhält sich meist irgendwo dazwischen. Für das Paarungsverhalten von Lebewesen gibt es trotz dieser Unterschiede universale Muster: Männchen sind immer promisker als Weibchen.

Beispiel Austern oder viele Vogelarten. Äußerlich existieren kaum Differenzen zwischen Männchen und Weibchen. Man kann sie aber an ihrem Paarungsverhalten und ihren Keimzellen unterscheiden. Weibchen müssen viel mehr in ihre Fortpflanzung investieren. Bei Vögeln machen die weiblichen Keimzellen fast 20 Prozent des Körpergewichts aus. Bei Säugetieren sind die Eizellen zwar kleiner, doch Schwangerschaft und Stillzeit bedeuten trotzdem eine enorme biologische Investition für sie. Der männliche Beitrag ist hingegen marginal, es geht nur um ein paar Spermien. Dieses Muster ist bei aller Vielfalt der Lebewesen universal. Daraus folgt: Das Geschlecht, das mehr in die Fortpflanzung investiert, ist weitaus wählerischer und weniger promisk.

Anfällig für Seitensprünge sind aber Männer wie Frauen. Bisher haben Forscher noch keine genetische Variation oder Hormonkonzentration gefunden, die bei einem Geschlecht die Wahrscheinlichkeit erhöht, dass es fremdgeht. Ob es zum Seitensprung kommt, ist vielmehr von der Situation abhängig. Das zeigt das Beispiel des Fischadlers: Solange das Männchen ihr Fisch bringt, während sie die Eier ausbrütet, ist sie zufrieden. Sobald er sich nicht mehr genügend um sie kümmert, fängt sie an, mit anderen zu kopulieren, wenn er unterwegs ist. Dann erhält sie von den anderen Männchen nicht nur Sex, sondern auch Fisch.

Von Schimpansinnen ist bekannt, dass sie häufiger mit jenen Männchen kopulieren, die ihnen zuvor die größten und leckersten Fleischbrocken serviert haben, besonders wenn sie die gerade erst mühsam erjagt haben.[84] Männchen, die nie etwas von ihrer Beute abgeben, gehen hingegen leer aus. Der Tauschhandel Fleisch gegen Sex funktioniert zumindest

bei unseren nächsten Verwandten im Tierreich, den Affen.
Und wer seine Jagdbeute teilt, hat in der Welt der Schimpansen auch mehr Nachkommen.

Schaut man sich das Balz- und Reproduktionsverhalten vieler erfolgreicher Männer an, sind die Parallelen unübersehbar. Wie sie ihre Frauen mit Schmuck behängen und ihnen jeden materiellen Wunsch erfüllen, zeigt, dass es offenbar im Menschenreich ebenso wichtig ist, die Dame bei Laune zu halten. Sonst gilt vielleicht: Wenn er kein guter Versorger ist, beginnt sie mit Affären. Deswegen macht nicht diese oder jene Hormon- oder Genveränderung anfälliger für Seitensprünge. Es ist bei Tieren wie auch bei manchen Menschen so: Viele Weibchen neigen zu Liebschaften, wenn sie sich nicht ausreichend ernährt und versorgt fühlen.

Die Treue in den Genen

> Für den Mann ist jede Frau ein Rätsel,
> dessen Lösung er bei der nächsten sucht.
>
> *Jeanne Moreau*

Bei Tieren ist es hauptsächlich eine Frage der Gene und der Versorgung, ob sie ihrem Partner treu bleiben oder nicht. So können die polygamen Wühlmäuse, die sich ja normalerweise wild durcheinander paaren, durch eine Genmanipulation dazu gebracht werden, dass sie plötzlich den treu sorgenden Familienvater geben und bei einer Partnerin bleiben.[85] In welchem Ausmaß die Erbanlagen auch beim Menschen darüber mitbestimmen, ob dem Partner lebenslang die Treue gehalten wird oder nicht, ist hingegen noch ungewiss. »Immerhin neigen Scheidungskinder, bei denen fehlende Treue in der Familie vorgekommen ist, später selbst häufiger zu Scheidungen«, sagt Bruno Allolio, Hormonexperte an der Universitätsklinik Würzburg. »Doch die sozialen Ursachen dieses Verhaltens sind mindestens so wichtig und nur schwer von den biologischen zu unterscheiden.« Biologisch gibt es keinen Zusammenhang zwischen Treue oder Untreue und den im Körper zirkulierenden Hormonen. Männer werden durch mehr oder weniger Testosteron im Blut weder treuer noch untreuer. »Die sexuelle Aktivität wird zwar durch verschiedene Hormone moduliert. Das hat aber noch nichts mit Treue oder Untreue zu tun«, weiß Allolio. Das häufige Wechseln der Sexualpartner ist wohl eher Ausdruck einer frühen Prägung des Gehirns. Aus Tierversuchen ist bekannt, dass das hormonelle Milieu in der Gebärmutter die Struktur des Gehirns und damit auch das Sexualverhalten lebenslang beeinflusst.

Bei arrangierten Vernunftehen gibt es gelegentlich das Phänomen, dass Mann und Frau »einander lieben lernen«. Diese Ehen sind dann manchmal erstaunlicherweise nicht weniger »erfolgreich« als die aus Liebe geschlossenen. Dazu könnten biologische Mechanismen etwas beitragen. Gelebte Sexualität führt ebenfalls zu engen Bindungen. Die Entscheidung über die Dauer und Intensität der Bindung entsteht wahrscheinlich im Laufe einer Beziehung und nicht durch Liebe auf den ersten Blick.

Seien Sie ähnlich attraktiv

> Baby, bitte mach dir nie mehr Sorgen um Geld,
> gib mir nur deine Hand, ich kauf dir morgen die Welt.
>
> *Deutsch-Rapper Cro*

Das Szenarium ist schon bekannt: Er sieht wahlweise zum Davonlaufen oder zum Erbarmen aus, sie ist eine Schöpfung aus Anmut und Liebreiz. Und jeder fragt sich, wieso diese charmante Frau sich einen solchen Mann ausgesucht hat. Wahrscheinlich zählten seine inneren Werte. Oder: Er ist ein Charmeur, dem jede Frau sofort zu Füßen liegt, sie eine graue Maus.

Doch nicht nur die Ratlosigkeit im Bekanntenkreis kann für derart ungleiche Paare zum Problem werden, auch die Stabilität ihrer Beziehung ist in Gefahr. Denn wenn Mann und Frau allzu unterschiedlich attraktiv sind, droht ihre Liebe von nagender Eifersucht zerfressen zu werden.

Evolutionspsychologen haben in vielen Versuchen das Gefühl der Eifersucht in seine Ursprünge zu zerlegen versucht und die Motive dafür ergründet. Für sie ist Eifersucht ein evolutionär sinnvolles Muster, das besonders dann virulent wird, wenn eine für wertvoll erachtete Partnerschaft bedroht ist. Denn damit ist auch die Fortpflanzung in Gefahr. Besonders stark ist die Eifersucht demnach, wenn sich Partner als unterschiedlich reizvoll empfinden.

Sie müssen es übrigens aus der Sicht Außenstehender gar nicht sein, allein die verschobene Selbstwahrnehmung reicht. Wer schlechter dazustehen glaubt, ist empfindlicher und reagiert aufbrausender, wenn vermeintliche oder echte

Konkurrenz auftaucht. Für den Schweizer Schriftsteller Max Frisch war Eifersucht daher die »Angst vor dem Vergleich«. Manche Paarkonstellationen sind offenbar besonders anfällig für Eifersucht. Das Gefühl ist stärker bei jenen Männern, die mit besonders hübschen Frauen zusammen sind. Frauen sind hingegen eher eifersüchtig, wenn sie einen wohlhabenden oder besonders erfolgreichen Mann haben. Geld, Macht und Einfluss können schließlich auch attraktiv machen.

Den richtigen Abstand zum Partner finden

Ob eine Beziehung an Eifersucht zu zerbrechen droht oder dadurch lediglich ein bisschen mehr Würze bekommt, hängt unter anderem von der Distanz der Partner – und der möglichen Rivalen – ab. Psychologen um Achim Schützwohl haben untersucht, wie sich die räumliche Entfernung der Beteiligten auf das Ausmaß der Eifersucht auswirkt.[86] Demnach ist ihre Intensität relativ gering, wenn die Partner einander die meiste Zeit im Alltag nahe sind oder gar zusammen wohnen. Am unerträglichsten wird die Eifersucht allerdings, wenn der Rivale ständig in Reichweite ist. Anders als vermutet, beobachteten die Forscher, dass es Menschen keineswegs vor Eifersucht verrückt werden lässt, wenn der Partner wie auch der vermutete Rivale weit entfernt sind. Dann hat die Fantasie zwar freien Lauf, aber die Bedrohung ist außer Sichtweite und damit nicht so bedrängend wie der mögliche Konkurrent in nächster Nähe.

Das Herz! Gesundheitliche Risiken des Seitensprungs

> Nicht ein Treuebruch ist das große Verbrechen,
> sondern Gleichgültigkeit, Bosheit und Intoleranz.
>
> *Lilli Palmer*

Zu viel Aufregung kann tödlich sein. Zu viel Bewegung ebenfalls. Der Dänenkönig Frederik VIII. brach 1912 auf der Rückreise von Nizza nach Kopenhagen zusammen. Er machte mit seiner Familie gerade Zwischenstation in Hamburg und war abends noch allein unterwegs. Der Legende nach ereilte den Achtundsechzigjährigen ein Herzinfarkt, nachdem er in einem Freudenhaus zu Besuch war. Um ihm die öffentliche Schmach zu ersparen, trugen die Liebesdienerinnen den schwächelnden Regenten angeblich auf den Gänsemarkt, einen öffentlichen Platz. Dort eilte ein Frauenarzt dem blassen Monarchen, der sich unter falschem Namen vorstellte, zwar noch zu Hilfe, doch er konnte ihn nicht mehr retten. Kurz darauf starb der König.

Der Tod während des Geschlechtsakts oder kurz danach hat immer wieder die Fantasie angeregt. Lange Zeit waren Fachwelt wie interessierte Laien der Meinung, dass Sex den Männern heftig zusetzen konnte und der mors in coitu sie besonders häufig in fremden Betten dahinraffte. Die Aufregung und das schlechte Gewissen gaben den herzschwachen Männern den Rest.

Eine Studie hat das Phänomen 2011 genauer untersucht und die gesundheitlichen Risiken bei plötzlicher körperlicher Anstrengung unter die Lupe genommen.[87] Die Forscher haben sich in ihrer Metaanalyse auf zwei potenziell erschöpfende Tätigkeiten konzentriert:»episodischen Sport« und »gelegentliche sexuelle Aktivität«.

Zur Beruhigung der Männer muss gesagt werden, dass die Gefahr, beim Sex oder während des Sports den Herztod zu erleiden, insgesamt als gering einzustufen ist. Die günstigen Wirkungen überwiegen. Jedoch verschweigen Issa Dahabreh und Jessica Paulus von der Tufts University in Boston nicht, dass beide Tätigkeiten akute Herzprobleme auslösen können:»Obwohl bekannt ist, dass sich regelmäßige Bewegung positiv auf Herz und Kreislauf auswirkt, gibt es immer wieder Hinweise dafür, dass akute Belastungen wie plötzliche Anstrengung, Sex und psychischer Stress einen Infarkt triggern«, schreiben die Autorinnen in ihrer Untersuchung.

Die Auswertung von 10 000 Patienten ergab, dass plötzliche sportliche Betätigung das Risiko für einen Herzinfarkt um das 3,5-Fache erhöhte. Durch Sex stieg die Wahrscheinlichkeit für einen Infarkt um das 2,7-Fache an. Ob die Männer tatsächlich in Gefahr waren, hing allerdings von ihrem Trainingszustand ab. Ungeübte hatten ein weitaus höheres Risiko.»Die akute Gefahr für einen Herzinfarkt bei Untrainierten steigt bei gelegentlicher Aktivität an«, sagt Martin Halle, Chefarzt der Sportmedizin an der Technischen Universität München.»Ein zügiger Spaziergang von fünf Minuten oder ähnliche Anstrengungen können bereits zur Überlastung werden.«

Halle wählt zur Illustration ein Ehepaar mittleren Alters. Sie geht täglich mit dem Hund raus, der Mann bewegt sich hingegen kaum.»Wenn er dann doch einmal im Monat dran ist,

den Hund auszuführen, und der ihn ordentlich um den Block
scheucht, ist das Infarktrisiko des Mannes um das Fünffache
erhöht«, so der Sportmediziner.

Wer sich hingegen ein- oder zweimal in der Woche ausführ-
licher bewegt, ist kaum in Gefahr.»Regelmäßig körperlich
aktiv zu sein senkt natürlich das Risiko für Infarkt oder gar
Herztod«, erklären Dahabreh und Paulus. Sie wollen nicht
missverstanden werden und mit ihrer Analyse auf keinen
Fall suggerieren, dass Sport und Sex mehr schaden als nutzen.»Das ist generell nicht der Fall, wir wollen aber darauf
hinweisen, dass beide Aktivitäten für kurze Zeit das Risiko
akuter kardialer Zwischenfälle erhöhen.«

Besonders Untrainierte sind demnach in Gefahr. Wer sich im
Zeitlupentempo bewegt, nie Sport treibt und schon bei der
geringsten Anstrengung außer Atem gerät, hat ein deutlich
erhöhtes Risiko, bei jäher körperlicher Aktivität Herzprobleme zu bekommen. Wer hingegen einigermaßen Kondition
hat und in seinen Alltag genügend Bewegung integriert, für
den stellen weder Sport noch Sex eine gesundheitliche Bedrohung dar.

In den neunziger Jahren wurde immerhin der Mythos vom
gefährlichen Höhepunkt in fremden Betten entkräftet. Zu
diesem Vorurteil hatten eher Reue und schlechtes Gewissen
als wissenschaftliche Analysen beigetragen. Eine Auswertung der Todesursachen von mehr als 10000 Männern zeigte
1996, dass lediglich 43 von ihnen durch plötzlichen »Stress«
gestorben waren – nur drei von ihnen während des Akts.
Auch wenn entsprechende Statistiken nicht immer der Wahrheit entsprechen und aus Pietät gelegentlich andere Gründe
angegeben werden, macht der mors in coitu unter den uner-

warteten Todesfällen bei Männern damit weit weniger als ein Prozent aus.

Obwohl das Risiko, beim Liebesspiel vom Tod ereilt zu werden – in welchem Bett auch immer –, als ziemlich gering erachtet werden kann, scheuen besonders Männer mit bereits bestehenden Herzleiden die Wonnen der Lust, vom Sport ganz zu schweigen. Sie fürchten den Infarkt, wenn sie sich zu sehr verausgaben. Dabei hat die Wissenschaft längst Entwarnung gegeben. Die Herzfrequenz bleibt beim Orgasmus zumeist im gesundheitlich unbedenklichen Bereich von etwas weniger als 120 Schlägen pro Minute. Und der Verbrauch von Sauerstoff und der Stoffwechsel werden durch Sex nicht stärker beansprucht als etwa während der Hausarbeit oder beim Golfen.

Heimlich und ungeschützt

> Fast jede Frau wäre gern treu. Schwierig ist es bloß,
> den Mann zu finden, dem man treu sein kann.
>
> *Marlene Dietrich*

Wer in einer festen Beziehung lebt und trotzdem eine Affäre hat, muss mit vielen Problemen klarkommen. Wie steht es um die Aufrichtigkeit gegenüber dem Partner? Soll der Seitensprung gebeichtet oder verschwiegen werden? Gleich oder später? Ist es wirklich nur ein einmaliger Ausrutscher gewesen, oder steht die Beziehung insgesamt auf dem Prüfstand, und die Affäre war ein Zeichen dafür, dass die Partnerschaft nicht mehr trägt? Ob der Seitensprung eingestanden oder gar geplant war, zeigt sich auch am Risikoverhalten in fremden Betten: Wer den Partner heimlich betrügt, neigt dazu, sich weniger vor sexuell übertragbaren Krankheiten zu schützen.[88]

In einer Erhebung an mehr als 1600 Teilnehmern stellte sich heraus, dass jene zu etwa einem Drittel seltener Kondome benutzten, die untreu waren, ohne dass der Partner etwas davon wusste. War die Beziehung hingegen erklärtermaßen offen für Affären und nicht ausschließlich monogam ausgelegt, wie es bei fast 500 der Befragten der Fall war, schützten sich die Partner weitaus häufiger und gingen weniger Risiken ein. »Wer sich gegenseitige Treue gelobt hat und dann eine Affäre hat, ist anfälliger für Infektionen als jene, die offene Beziehungen pflegen«, sagt die Psychologin Terri Conley, die Leiterin der Studie.

Durchhalten!

Die größten Gefahren vermeiden

Es gibt Schlaumeier, die von Anfang an gewusst haben wollen, dass eine Ehe zum Scheitern verurteilt war und nie und nimmer halten würde. Dass es mit diesem Mann oder jener Frau gar nicht gutgehen konnte. Diese Menschen sollten sich als Orakel anstellen lassen und Wahlergebnisse, Börsenschwankungen oder wenigstens das Wetter vorhersagen – aber nicht in anderer Leute Gefühlsleben herumpfuschen und ihre Meinung dazu kundtun. Denn was tatsächlich hält und was nicht und wer einer Scheidung entgegensieht, das kann auch die Forschung noch nicht mit letzter Gewissheit sagen.

John Gottman und Robert Levenson von der University of California in Berkeley haben es immerhin versucht und aus ihrer Analyse von mehr als 200 Paaren ein paar typische Muster abgeleitet.[89] Das ging nicht ohne komplizierte Rechenschritte ab, doch die Ergebnisse sind leicht verständlich: Paare, die sich früh trennten, kritisierten einander oft, begaben sich schnell in eine Verteidigungshaltung oder bauten Wälle auf, um weder die Argumente noch die Gefühle des anderen an sich heranzulassen.

Was sie aber besonders von jenen Paaren unterschied, die zusammenblieben oder sich erst sehr spät scheiden ließen, war ihr Verhalten im Streit: Sowohl bei den Paaren, die sich trennten, als auch bei jenen, die weiterhin miteinander verbunden waren, gab es im Konfliktfall zwar negative Gefühle gegenüber dem anderen, herabsetzende Äußerungen, Wut und Aggressionen. Bei den Paaren, die sich scheiden ließen, fehlten jedoch im Streit gänzlich die positiven Emotionen und freundlichen Worte. Sie konnten keine liebevolle Seite an ihrem Partner mehr erkennen. Oft blieben nur noch Hass und Verachtung füreinander übrig.

Zudem droht eine Scheidung, wenn das Paar in ein typisches Muster verfällt, das viele Ehen nach ermüdenden Jahren der Gemeinsamkeit charakterisiert: Sie fordert, er zieht sich daraufhin zurück. Diese Verhaltensweisen können sich langsam anbahnen und verfestigen sich, wenn die Partner immer häufiger Konflikte austragen. In fast allen Fällen ist es übrigens die Frau, die Probleme in der Ehe anspricht oder sagt, was ihr an seinem Verhalten nicht gefällt.[90]

Vor einer Scheidung »geschützt« waren hingegen in gewissem Maße jene Paare, in denen die Frauen die Beziehungsgespräche nicht vorwurfsvoll und mit negativen Emotionen führten – und die Männer nicht sofort gereizt und aggressiv darauf reagierten. Wie es gelingen kann, dieses überirdische Verhalten im Streit beizubehalten, verrieten die Forscher allerdings nicht.

Werden Streitereien destruktiv ausgetragen, fällt es sogar den stabilsten Menschen auf Dauer schwer, eine Beziehung zu ertragen und beizubehalten. Es geht zwar nicht darum, Konflikte zu vermeiden und überall Harmoniesauce zu verteilen, aber es ist wichtig, Auseinandersetzungen anders zu gestalten. Konstruktiv zu streiten ist eines der wirkungsvollsten Hausmittel gegen die drohende Entfremdung.

Gefühle, die trennen können

Wie ein Paar mit Konflikten umgeht und welche Gefühle es dabei füreinander empfindet, kann viele Hinweise darauf geben, ob die Partnerschaft eine Zukunft hat oder schon bald die Trennung droht. Erstaunlicherweise wurden diese emotionalen Befindlichkeiten der Partner in der Beziehung aber bisher recht wenig untersucht. Einige Erkenntnisse gibt es jedoch hierzu. Zu verdanken sind sie Untersuchungen an freiwilligen Paaren, die sich bereit erklärt hatten, ihre Beziehung im Konfliktfall genauer unter die Lupe nehmen zu lassen.[91] Die Paare waren im Mittel seit fünf Jahren verheiratet und hatten sich für die Studie acht Stunden lang nicht gesehen. Am Abend sollten sie sich zunächst über das unterhalten, was sie tagsüber erlebt hatten. Anschließend folgte ein fünfzehnminütiges Gespräch, in dem es um ein chronisches Konfliktthema der Beziehung ging. Als letzte Einheit folgte eine viertelstündige Unterhaltung über ein Thema, das beide erklärtermaßen erfreulich fanden. Nach vier Jahren hatten die Forscher erneut die Gelegenheit, einen Großteil der 80 untersuchten Paare zu befragen und den Zustand ihrer Ehe zu dokumentieren.

Die Mehrzahl der Paare war in der Lage, sich nach dem Konfliktgespräch durch die erfreuliche Unterhaltung mit dem Partner wieder positiv stimmen zu lassen, so dass nach dem Gespräch die angenehmen Emotionen bei beiden überwogen. Bei jenen Paaren, die noch zusammen waren, blieben Mann wie Frau auch im Konfliktgespräch am anderen interessiert und zeigten wenig abschätzende Gesten für den Partner. Bei denjenigen, die sich trennten, war der Mann im Konfliktfall hingegen wenig an seiner Partnerin interessiert, sondern vielmehr genervt. Er zeigte sich verächtlich gegenüber seiner Frau – und sie wirkte traurig und hoffnungslos. Auch im Gespräch über erfreuliche Themen konnte das Paar dann keine freundliche Stimmung mehr aufkommen lassen. Beide blieben verärgert und hatten für den anderen vor allem negative Gefühle bis hin zur Verachtung übrig.»Wenn sie in seinem Gesicht den Ekel sieht und spürt, wie er sie permanent entwertet, regt sie sich natürlich auf und ist empört«, sagt John Gottman.»Das Verhalten von beiden Seiten ist eine Zeitbombe für jede vor sich hin siechende Beziehung.«

Machen Sie gute Figur füreinander

> Wenn ein Mädchen heiratet, tauscht es die Aufmerksamkeiten,
> vieler Männer gegen die Unaufmerksamkeit eines einzigen ein.
>
> *Helen Rowland*

Man kann sich mögen, regelmäßig knuddeln und sich täglich seiner Wertschätzung versichern. Das ist bereits eine recht gute Gebrauchsanweisung für ein lang anhaltendes

Liebesglück. Er kann ihr morgens den Kaffee ans Bett bringen und sie ihm regelmäßig seine Leibspeise zubereiten. Alles gut und schön, aber für eine dauerhafte Partnerschaft zählen auch die Äußerlichkeiten, selbst wenn die Grenzen nicht immer so klar definiert sind wie in dem Cartoon, in dem ein Paar am Küchentisch zu sehen ist, das über die Beziehung diskutiert:

Er:»Wie lange kannst du mich noch ertragen?«
Sie:»Bei 110 Kilogramm ist Schluss.«

Es ist nun mal hilfreich, gute Figur füreinander zu machen und damit zu signalisieren, dass man für den anderen attraktiv und begehrenswert bleiben möchte und sich nicht gehenlässt. Diese Vorgabe halten allerdings nur die wenigsten Paare ein, denn das Gewicht von Männern und Frauen macht ziemlich unterschiedliche Entwicklungen in den diversen Phasen einer Liebesbeziehung durch. Forscher haben zwar dutzendfach beschrieben, dass Verheiratete zumeist dünner sind als Singles, weil sie durch ihr attraktives, schlankes Äußeres überhaupt erst in Frage kamen, vom anderen Geschlecht ausgewählt zu werden, und weil sie sich zudem gemäßigter ernähren.[92] Aber dieser Effekt verpufft schnell und gilt deshalb hauptsächlich während der ersten Monate der Ehe.

Mit der Zeit nehmen Verheiratete an Gewicht zu, weil sie sich gegenseitig besser versorgen als Alleinstehende – und für den Partnermarkt auch nicht mehr den ranken und schlanken Schönheitsidealen entsprechen müssen. Praktisch bedeutet dies für die Mehrzahl der Beziehungen, dass die Gewichtsverteilung Gesetzmäßigkeiten folgt, die sich unsymmetrisch auf den Umfang von ihm und ihr auswirken: Sie bekocht ihn und sorgt für ihn, kümmert sich um den Haushalt und die Kinder und hat womöglich noch einen Job. Durch die viele Arbeit und den damit verbundenen Stress nimmt sie in der Ehe eher ab als zu. Er weiß sich hingegen gut von ihr versorgt und wird immer runder. Forscher der Cornell University haben über mehrere Jahre Tausende Erwachsene untersucht und diese Thesen bestätigt gefunden: Verheiratete Männer waren demnach schwergewichtiger und wiesen einen deutlich stärkeren Hang zu Übergewicht auf als unverheiratete oder noch vor kurzem verheiratete Männer.[93] Bei Frauen war dieser Zusammenhang tatsächlich bei weitem nicht so ausgeprägt. Die Ehe hielt sie auf Trab.

Die gesellschaftliche Rolle des Sich-gegenseitig-Versorgens scheint – zumindest was das Gewicht angeht – sich also nur bei den Männern in zusätzlichen Pfunden auf den Rippen und der Waage niederzuschlagen. Bei Frauen war allenfalls in den wenigen Monaten nach der Hochzeit eine leichte Gewichtszunahme festzustellen. Vielleicht konnten sie zumindest für diese kurze Zeit ein wenig entspannen. Zudem hatten sie nicht mehr das Gefühl, sich runterhungern zu müssen, um für das andere Geschlecht attraktiv zu sein. Richtig schlank werden die meisten Männer im Verlauf ihrer Ehe allerdings nur selten. Es ist offenbar zu bequem, versorgt zu werden. Eine Gewichtsabnahme gelingt den Männern in größerem Umfang erst wieder, wenn sich einschneidende Veränderungen ergeben. Das heißt: Entweder ist die Beziehung am Ende, und sie lassen sich scheiden. Oder sie werden zum Witwer und nehmen dann deutlich ab.

Partnerschaftlich das Gewicht halten

> Die Zeit mag Wunden heilen,
> aber sie ist eine miserable Kosmetikerin.
>
> *Mark Twain*

Mit der Ehe ist es wie mit den Bäumen: Jedes Jahr kommt ein Ring hinzu. Allerdings ist kein Schmuckring gemeint, sondern ein Hüftring. Diese Entwicklung ist nicht unabänderlich, aber für die meisten Partnerschaften trifft sie nun mal zu. Er futtert sich von Jahr zu Jahr ein immer größeres Fettpolster an, während sie im Durchschnitt schlanker bleibt. Vom ranken Glück am Tag der Eheschließung bleibt nur noch der Hochzeitsanzug im Schrank übrig, der ihm schon lange nicht mehr passt.

Wie sich das Gewicht in der Partnerschaft entwickelt, ist stark abhängig vom Verhalten des anderen. Sowohl Männer als auch Frauen nehmen in der Ehe stärker zu, wenn sie sich insgesamt schlecht motivieren können und sich gleichzeitig immer beklagen und auch keine Verantwortung übernehmen wollen, wie eine Untersuchung von 170 Ehepaaren über vier Jahre ergab.[94] Konfrontiert die Frau ihren Partner mit seinen Problemen und spart auch nicht mit Kritik, ist das offenbar für die Mehrzahl der Männer ein Ansporn, sich am Riemen zu reißen und nicht weiter zuzunehmen. Fühlen sich beide unterstützt, gelingt es oft sogar, gemeinsam ein wenig Gewicht zu reduzieren.

Pflegen Sie Ihr solides Unglück

Ich garantiere, es werden auch schlimme Zeiten kommen,
und ich garantiere, es kommt vor, dass einer von uns – oder beide –
unbedingt aus dieser Sache raus will, aber ich garantiere auch,
wenn ich dich nicht um deine Hand bitte, dann bereue ich das
für den Rest meines Lebens, denn ich weiß in meinem Herzen,
du bist die Einzige für mich.

Die Braut, die sich nicht traut

Zu hoffen, vor der Liebe glücklich gemacht zu werden,
ist ein sicherer Quell des Kummers.

Gefährliche Liebschaften

Für nicht wenige Menschen ist es unergründlich, was Paare auf Dauer zusammenhält. Zu viele Alltagsbeispiele aus dem Horrorkabinett des Beziehungswahnsinns lassen an einem göttlichen Plan für das Beziehungsglück entschieden zweifeln: Sie fährt ihm ständig über den Mund, er lässt es geschehen und macht sich weiter zum Dackel. Er erklärt ihr ohne Unterlass das Leben und die Welt und ist ein unerträglich eitler Angeber – aber sie hört trotzdem geduldig zu, himmelt ihn nur umso mehr an. Dass solche Konstellationen lange halten können, ist auf den ersten Blick unvorstellbar. Manche Menschen sind schon erstaunt darüber, dass sich solche Paare überhaupt gefunden haben. Dennoch sind einige dieser so miserabel erscheinenden Paarverbindungen erstaunlich zählebig.

Es ist irritierend, dass gerade einige als wenig erstrebenswert geltende Charakteristika des Beziehungslebens dabei

helfen können, dass eine Partnerschaft überdauert. Fortwäh-
rendes gegenseitiges Unglück und Resignation in der Beziehung sind beispielsweise ebenfalls häufig in Beziehungen zu
finden, die halten. Julia Berkic vom bayerischen Staatsinstitut für Frühpädagogik hat mit ihrem Team Paare im ländlichen Bayern beobachtet, die im Mittel bereits 28 Jahre miteinander verheiratet waren.[95] Sie wollte wissen, warum die
Verbindungen so lange stabil blieben. Die Ehe hielt in vielen
Fällen aber keineswegs deswegen, weil es den Partnern so
gut miteinander ging. Im Gegenteil: Ein Drittel war »stabil
unglücklich« oder »unsicher und resigniert in der Beziehung«.

Während sich mehr als zwei Drittel der Frauen sicher gebunden fühlten, war bei fast der Hälfte der Männer die Bindung »unsicher-vermeidend«, bei weiteren 21 Prozent sogar
»unsicher-verstrickt«. 37 Prozent der untersuchten Ehemän-
ner wurden nach Auswertung der Bindungsfragen sogar als
»ungelöst-traumatisiert« eingestuft.

Im Ergebnis führte dies dazu, dass mehr als die Hälfte der
Ehepaare aus einem sicheren und einem unsicheren Partner
bestand – und sich trotzdem eine Langzeitbeziehung daraus
entwickelt hatte.[96] Allerdings war der Preis dafür womöglich
recht hoch.

Diese Eheleute hatten sich längst in ewiger Zerrüttung ein-
gerichtet und schwiegen sich an. Probleme wurden nicht angesprochen, sondern ausgesessen, was den Forschern zufolge eine »konservierende Wirkung« auf eine Ehe haben kann.
Manche ignorierten oder verachteten einander gar, konnten
sich aber trotzdem nicht aus der Verstrickung lösen, in die
sie finanzielle Nöte, Schuldvorwürfe und moralische Hem-

mungen, sich zu trennen, gebracht haben. Gemeinsame Kinder, gemeinsame Projekte wie der Hausbau oder Abhängigkeiten in der beruflichen Entwicklung hielten sie zusammen, obwohl da längst wenig anderes mehr war, was sie zusammenhalten könnte. Häufig verfestigen Aggressionen und gegenseitige Wut aufeinander den emotionalen Zusammenhalt – auch negative Gefühle und die ständige Unzufriedenheit über den anderen können Paare erstaunlich dauerhaft aneinander binden.

Unglück und Unzufriedenheit allein in vielen Konstellationen reichen daher wohl nicht aus, um Paare auseinanderzutreiben. Bei manchen hat man schließlich sogar den Eindruck, sie brauchen es, sich gegenseitig anzugiften und einander das Leben zur Hölle zu machen. Ohne die tägliche Pein durch den anderen könnten sie gar nicht mehr sein.

Vielleicht setzen sie auch auf den Gemeinsamkeit stiftenden Einfluss der Tränen, die in unglücklichen Beziehungen erwartungsgemäß häufiger fließen. Tränen sind schließlich ein Signal, das vermittelt: Ich brauche Trost, Zuwendung und Nähe – und außerdem bin ich gerade schutzlos, denn die Tränen tragen ja dazu bei, dass die Sicht getrübt ist und man hilfsbedürftiger erscheint.[97]

»Tränen sind eine Art Hilfeschrei und zugleich ein Zeichen der Unterwerfung«, sagt Oren Hasson, der an der Universität Tel Aviv die Bedeutung des Weinens untersucht hat. »In der Familie, aber auch unter Freunden oder in anderen Gruppen werden durch Tränen die Gefühle betont – und gleichzeitig versichert man sich der gegenseitigen Bindung.«

Das gilt natürlich nur in jenen Beziehungen, in denen Tränen noch den Reflex des Tröstens und Kümmerns beim anderen auslösen. Wendet sich der Partner genervt ab, sobald der andere weint, ist aus stabilem Unglück womöglich schon das blanke Grauen geworden.

Aufbauhilfe für die stabile Beziehungskiste

Sich dem anderen gegenüber öffnen

Darin besteht die Liebe: Dass sich zwei Einsame
beschützen und berühren und miteinander reden.

Rainer Maria Rilke

Der Kummer, der nicht spricht,
nagt leise an dem Herzen, bis es bricht.

William Shakespeare

Es muss ja nicht das ritualisierte Gespräch sein, in dem regelmäßig die Wasserstandsmeldungen abgerufen werden, wie stabil und harmonisch der andere die Partnerschaft sieht. Aber gemeinsam Probleme zu besprechen und offen für die Sorgen, Nöte oder auch Wünsche, Gedanken und Ideen des anderen zu sein trägt sehr wohl zum Gelingen einer Beziehung bei. Es nährt die Liebe, und die Partnerschaft wird als stabiler und befriedigender empfunden, wenn sich beide immer wieder mit Wärme, Sympathie und Offenheit begegnen – auch das Ausmaß der Intimität wird dadurch erhöht.[98] Zudem steigen der Respekt und das Verständnis füreinander, und beide bekommen das gute Gefühl, so akzeptiert zu werden, wie sie sind.

Es scheint ein menschliches Grundbedürfnis zu sein, sich dem anderen gegenüber anzuvertrauen, wenn man selbst in private Gedanken und Gefühle eingeweiht wird. Nicht nur gegenüber dem Liebespartner, sondern auch gegenüber Zimmergenossen und sogar Fremden geben Menschen deutlich mehr von sich preis, wenn diese sich gerade selbst offenbart haben.

Allerdings gibt es selbst in den romantischsten Liebesbeziehungen und in Phasen akuter Verliebtheit Unterschiede, was die Offenheit der Partner angeht.

Traditionell ist es die Frau, die ihrem Liebsten mitteilt, wenn sie etwas bedrückt oder sie andere Vorstellungen von der Beziehung hat. Für Frauen ist die gegenseitige Offenheit zudem deutlich wichtiger. Schon auf dem Schulhof unter Sechstklässlern verbringen die Mädchen mehr Zeit damit, sich gegenseitig ihre Geheimnisse zu verraten, als die Jungen, die in diesem Alter hauptsächlich Fußball und Raufereien im Kopf haben.

Es wäre daher naheliegend, dass Frauen sich auch eher und intensiver öffnen, wenn ihnen der Partner seine Gedanken und Wünsche mitteilt. Dies ist aber nur bedingt der Fall. Vielmehr sind es die Frauen, die kontrollieren, wie stark sich beide Seiten im Gespräch öffnen, und die genau registrieren, wie viel beide von sich offenbaren.[99] Hatten die Frauen das Gefühl, dass sie sich ähnlich umfassend wie ihre Partner öffneten, bekamen unabhängige Beobachter des Gesprächs den Eindruck, dass beide Seiten den anderen stärker an ihren Gedanken und Gefühlen teilhaben ließen. Männer fühlen sich hingegen ihrer Partnerin näher und empfinden sie als warmherziger, wenn sie ein bisschen mehr von sich preisgibt als er. Für Paare kann es daher hilfreich sein, zu wissen, dass sehr viel Nähe durch gegenseitige Offenheit entsteht – aber dass dabei durchaus Unterschiede zwischen den Geschlechtern existieren.

Diese Unterschiede können sich auch in anderer Hinsicht zeigen: Es soll Ehen geben, in denen sie den Haushalt schmeißt und – trotz Mann – die Kinder weitgehend allein erzieht, und beide sind damit vollkommen zufrieden. Gut möglich, dass diese Konstellation klappt, denn das Gelingen einer Beziehung ist in diesen Fällen vor allem eine Frage der Absprache und des Verständnisses. Aus wissenschaftlicher Sicht ist es allerdings nur dann wahrscheinlich, dass die Beziehung von beiden als glücklich und stabil empfunden wird, wenn sich die Beteiligten als gleichberechtigt in der Partnerschaft verstehen.[100] Wissenschaftler haben untersucht, welche Faktoren eine befriedigende Langzeitpartnerschaft begünstigen können. Demnach ist es gar nicht primär der Ausbildungsgrad oder der Beruf, die ähnlich sein sollten, damit Mann und Frau sich auf Dauer verstehen. In einer Langzeitstudie Heidelberger Forscher an fast 300 Paaren zeigte sich, dass auch Unterschiede in der Persönlichkeit keine große Rolle spielten. Entscheidend war vielmehr, dass die Paare einen intensiven Austausch miteinander pflegten, sich auch nach Jahren der Ehe noch gut unterhalten und mitteilen konnten und immer wieder versuchten, Verständnis füreinander aufzubringen.[101] Dieser Aspekt war besonders für die Frauen von Bedeutung und entschied mit darüber, ob sie sich in der Partnerschaft wohlfühlten und in der Beziehung blieben.

Konstruktiv streiten

… alles ist frisch und duftet wie Pinienwälder,
doch dann irgendwann tappst du in die Minenfelder.

Jan Delay

Es hat keinen Sinn, mit Männern zu streiten –
sie haben ja doch immer unrecht.

Zsa Zsa Gabor

Manchmal reizen sich Menschen, die sich lieben, bis aufs Blut. Das belastet nicht nur ihre Beziehung, sondern auch den Organismus. Ein Team um Janice Kiecolt-Glaser hat untersucht, wie sich der Streit zwischen Paaren im Körper niederschlägt, denn jeder Konflikt kann Spuren hinterlassen.[102] Der richtige Umgang miteinander ist daher entscheidend dafür, welche Folgen eine partnerschaftliche Auseinandersetzung hat. Das hat nichts damit zu tun, dass es nicht wichtig sein kann, sich auszusprechen – das hilft den meisten Menschen sehr wohl. Schreie, Flüche und Beschimpfungen haben jedoch noch keine Partnerschaft gekittet. Und dem Wohlbefinden schaden sie nur. Gegenseitiger Stress ist schließlich sogar schlecht für die Wundheilung, hat das Team um Kiecolt-Glaser herausgefunden.

Um die Konsequenzen partnerschaftlicher Differenzen zu erforschen, wurden Ehepaaren, die sich – das muss ausdrücklich betont werden – freiwillig für den Versuch gemeldet hatten, münzgroße oberflächliche Wunden am Arm zugefügt – und zwar zweimal. Das erste Mal bekamen die Partner danach eine unterstützende Beratung von Psychologen, wie sie etwaige Paarprobleme besser lösen konnten. Beim zweiten Mal wurden sie aufgefordert, sich über ein heikles Thema ihrer Beziehung zu unterhalten, woraus sich fast immer sofort eine aggressive Diskussion entwickelte.

Egal wie sich die Paare während der Beratung verhielten, bei allen heilten die Wunden nach den hilfreichen Gesprächen besser zu. Die Blutgerinnung und das Abwehrsystem waren aktiviert, Stressmoleküle ließen sich kaum im Körper feststellen. Nach der Auseinandersetzung lief das Alarm- und Kampfsystem des Körpers hingegen auf Hochtouren: Die Wunden heilten langsamer, und feindliche Erreger konnten nicht so gut bekämpft werden. Erhöhte Stresshormonspiegel wurden noch am Morgen danach im Blut festgestellt.

Im Blut zirkulieren Botenstoffe des Immunsystems. Sie heißen beispielsweise Interleukin-6, Tumornekrosefaktor-alpha oder Interleukin-1beta und halten Entzündungen aufrecht und beeinträchtigen die Abwehrkraft des Organismus. Bei feindseligen Paaren waren sie lange nach dem Streit erhöht.

Dieser Mechanismus erklärt, warum es bei aggressiv eingestellten Paaren in doppelter Hinsicht richtig ist, dass Verletzungen nicht so schnell heilen.

Besonders interessant war, dass die Wundheilung bei Paaren, die sich sogar in der Auseinandersetzung freundlich und zugewandt verhielten, kaum beeinträchtigt war. Wer jedoch verletzend, zanksüchtig und offensiv gegenüber dem anderen auftrat, bei dem blieben die Wunden deutlich länger bestehen. Der Fortschritt der Wundheilung bei den Streithähnen unter den Paaren betrug nur 60 Prozent im Vergleich zu jenen, die sich selbst dann ihre Wertschätzung zeigten, wenn sie anderer Meinung waren. Konstruktiv streiten ist also gesünder. Das lässt den Partner länger leben, und dieser Umstand ist schließlich auch eine Voraussetzung dafür, dass eine Beziehung länger hält.

Bei Menschen, die sich unabhängig vom Partner häufig ärgern und ihren Missmut nicht unter Kontrolle haben, dauert es ebenfalls länger, bis eine Wunde verheilt ist.[103] Forscher der Universität Ohio untersuchten Freiwillige, die bereit waren, sich auf dem Unterarm kleine Brandwunden setzen zu lassen. In den nächsten acht Tagen wurden die Entzündungswerte, die Abwehrreaktion und die Wundheilung bei den Probanden beobachtet. Wer häufig wütend, gereizt und geladen reagierte, bei dem bildete sich der Schorf langsamer, und es dauerte länger, bis die Wunde wieder verheilt war. Die feindseligen Teilnehmer hatten erhöhte Cortisol-Spiegel, und auch andere Stresswerte im Blut waren bei ihnen angestiegen.

»Es sind zwar mechanistische Ergebnisse, aber sie zeigen, wie empfindlich unser Körper und besonders die Wundheilung auf Stress im Alltag reagiert«, sagt Janice Kiecolt-Glaser zu den Ergebnissen ihrer Forschungsgruppe. Die Wissenschaftlerin vermutet, dass die Wirkung von Ärger und Aggression auf die Wundheilung ein Zeichen dafür ist, wie negative Gefühle, wie Stress und Unzufriedenheit im Körper eine Kaskade von Reaktionen auslösen, die andere Erkrankungen wahrscheinlicher machen und den Organismus insgesamt schwächen.

Als Rat für eine lang haltende Beziehung kann daher nur gelten, eine Auseinandersetzung idealtypisch so zu führen: »Schatz, ich bin zwar ausnahmsweise anderer Meinung als du, aber ich liebe und verehre dich trotzdem.« Wer hingegen im Streit den anderen beleidigt oder gar die schlimmste Keule im Beziehungsknatsch hervorholt und dem anderen regelmäßig vorwirft, sich genauso wie die Mutter oder der Vater zu verhalten, der hat schon verloren.

Gleich und Gleich gesellt sich gern?

Jetzt weiß ich endlich, was ich dir bieten kann, Marge!

Völlige und nie endende Abhängigkeit!

Homer Simpson

Wenn er liebend gern Horrorfilme sieht, sie aber auf Komödien steht, ist das noch kein Grund, sich über die großen Unterschiede in einer Partnerschaft zu wundern. Anders sieht es hingegen aus, wenn er ein übergewichtiger Tankwart ist und sie eine promovierte Einser-Juristin mit Auslandsstudium, die regelmäßig Triathlon-Wettkämpfe absolviert. Der »Wert« des Partners ist dann offensichtlich zu unterschiedlich – und zwar vermutlich in Hinblick auf Bildung, Attraktivität und die Vielseitigkeit der Erfahrungen.

Obwohl Laien wie Wissenschaftler den Eindruck haben, dass sich die meisten Menschen zu Paaren zusammenfinden, die einander in Attraktivität, Bildung und anderen Werten ähneln, gibt es immer wieder Beziehungen, in denen die Unterschiede der beiden Partner erstaunlich groß wirken und es auch tatsächlich sind.[104] Hat der Beteiligte von vermeintlich geringerem Wert die Beziehung einem glücklichen Zufall zu verdanken – oder war der angeblich Überlegene durch eine kurze Laune des Schicksals mit Blindheit geschlagen, als er sich auf den anderen einließ?

Erklärt wird die offensichtliche Diskrepanz zwischen manchen Partnern von Bindungsforschern damit, dass sich der als unterlegen Angesehene in einer solchen Konstellation darauf einlässt, in vielen Bereichen nachzugeben oder anderweitig Kompromisse einzugehen. Je attraktiver ein Partner, desto größer die Bereitschaft des anderen, es ihm recht zu machen. Dass kann so wichtige Bereiche wie die Hingabe in der Beziehung betreffen – oder auch nur die Wahl des Restaurants oder des Kinofilms. Wichtig ist, dass der andere sich trotz aller Unterschiedlichkeit und der in Kauf genommenen Nachteile wohlfühlt.

Vermeintliche Ungleichheiten in der Attraktivität oder dem »Wert« des Partners können ausgeglichen werden. Es handelt sich dabei um eine Art Deal und eine fein ausgeklügelte Taktik: Große Unterschiede werden toleriert, wenn man es schafft, sie durch andere Vorzüge zu kompensieren. Das zeigt sich unter anderem darin, dass Menschen in Beziehungen eher dazu bereit sind, ihrem Partner nach einer Kränkung zu vergeben und zu verzeihen, wenn sie seinen Wert als deutlich höher als den eigenen einstuften.[105] Wurde der Wert eines Mannes in der Beziehung als höher angesehen als der seiner Partnerin, kam sie zwar eher zu der Vermutung, dass er eine außereheliche Affäre hatte und sie betrog.[106] Aber sogar in diesen Fällen war sie eher dazu bereit, ihm zu verzeihen.

In weiteren Untersuchungen zeigte sich, dass Frauen, die von unabhängigen Beobachtern als wenig attraktiv eingestuft wurden, eher dazu bereit waren, sich auf die sexuellen Wünsche ihres Partners einzulassen, auch wenn sie gerade nicht in der Stimmung dazu waren oder diese Art von Intimität nicht besonders schätzten.[107] Aber ebenso im nichtsexuellen Bereich stellte sich der weniger attraktive Partner eher auf die Wünsche des anderen ein und überließ ihm beispielsweise die finanziellen Entscheidungen oder stimmte schnell Anschaffungen zu, die ausschließlich der Partner für wichtig hielt.

Große Unterschiede zwischen zwei Partnern beruhen daher keineswegs allein auf Glück und Zufall, sondern sind zumeist das Ergebnis einer bewusst oder unbewusst ausgehandelten Güterabwägung. Wenn beide das Gefühl haben, davon zu profitieren, kann eine solche Beziehung durchaus lange halten. In Gefahr sind nur jene Partnerschaften, bei denen einer das Gefühl hat, ständig mehr investieren und geben zu müssen als der andere und permanent das emotionale Soll und Haben gegeneinander aufrechnet.[108]

Nicht Unterschiede, sondern Gemeinsamkeiten betonen!

> Die meisten Frauen setzen alles daran, einen Mann zu ändern,
> und wenn sie ihn dann geändert haben, mögen sie ihn nicht mehr.
> *Marlene Dietrich*

Sie hat keinen Orientierungssinn. Sie kann nicht einparken. Sie muss dauernd Schuhe kaufen. Und sie will immer reden. Er hingegen: kann nicht zuhören, will beim Frühstück Zeitung lesen, mag zu Hause keine Ordnung halten. Und er denkt immer nur an das eine. Man kann viele Beispiele hinzufügen, etwa: Er leidet an chronischer Selbstüberschätzung, sie unter ständigen Zweifeln. Er lebt ungesund, sie braucht auch mal etwas Zeit für sich. Folglich werden Koalitionen zwischen Mann und Frau nach wenigen Monaten zur Zerreißprobe. Dann fängt sie an, ihn permanent verändern zu wollen. Und er sehnt sich nach der Zeit zurück, da noch süße Verliebtheit und nicht Taktik und Sondierungsgespräche das häusliche Miteinander bestimmten.

Der Rest ist bekannt: Er zieht sich an den Flugsimulator zurück, sie investiert in Pflegeserien oder liest diese seltsamen Bücher. Bücher wie: *Männer sind vom Mars, Frauen von der Venus, Du kannst mich einfach nicht verstehen* oder *Männer sind anders. Frauen auch.* Sie will dann, dass er diese Bücher auch liest. Sie will, dass beide ihr Anderssein akzeptieren und sich harmonisch ergänzen. Kurz: Sie will schon wieder reden, er immer noch seine Ruhe.

Alles Humbug. Schließlich hat die Wissenschaft erfrischend gegen den Trend festgestellt: Ob sie oder er – völlig egal. Macht sowieso keinen Unterschied. Denn Männer und Frauen ähneln sich in vielerlei Hinsicht mehr, als in Medien und populären Büchern immer behauptet wird. Das schreibt jedenfalls die populäre US-Psychologin Janet Shibley Hyde.[109] Die Psychologin von der University of Wisconsin hat viele Belege für ihre Gleichmacherei gefunden: In 46 Überblicksstudien ermittelte sie kaum Unterschiede im Sozialverhalten, der Kommunikation und der seelischen Zufriedenheit zwischen Mann und Frau. Differenzen – mit klaren Vorteilen aufseiten der Männer – fanden sich lediglich in Randsportarten wie Weitwurf, Masturbationsfrequenz und körperliche

Aggression. Hyde befürchtet, dass Frauen aufgrund der nicht gerechtfertigten Rollenklischees im Beruf benachteiligt würden. Und was ist in der Partnerschaft? Hyde selbst hat analysiert, dass Frauen in der Kategorie »verbale Aggression« Männern in nichts nachstehen. Das gilt übrigens auch für den Vergleich mit Männern, die über hohe Testosteron-Spiegel verfügen. Sie sind keineswegs zänkischer, streitlustiger und selbstbezogener, auch wenn die gängige Volksweisheit dies nahelegt. Im Gegenteil: Freiwillige, deren Testosteron-Spiegel erhöht wurde, erwiesen sich sogar als fairer und ausgleichender.[110] Sie hatten ein stärkeres Statusbewusstsein, was sie womöglich dazu verleitete, sich äußerst fair zu zeigen. »Damit ist das gängige Vorurteil, Testosteron trage beim Menschen ausschließlich zu aggressiven oder egoistischen Verhaltensmustern bei, hinlänglich widerlegt«, sagt Christoph Eisenegger von der Universität Zürich.

Bei Tierarten mit einfachen sozialen Beziehungen kann sich das durch Testosteron erhöhte Statusbewusstsein zwar dadurch ausdrücken, dass sie sich aggressiver gebärden, vermuten die Forscher. »In der sozial komplexen Umwelt des Menschen sichert aber nicht Aggression, sondern prosoziales Verhalten den Status«, behauptet Michael Naef, Ökonom an der Universität London, der an der Testosteron-Studie von Eisenegger beteiligt war. Für Frauen sind das erfreuliche Nachrichten: Die Kerle mit den erhöhten Testosteron-Spiegeln sind nicht nur knackiger und markanter im Aussehen, sondern womöglich sogar sozial verträglicher.

Je höher die Früchte, desto besser!

Eine Frau wird immer den Mann verehren, der sie heiraten wollte.
Ein Mann immer die Frau, die ihn ablehnte.

Zeruya Shalev

Äsops Fabel vom Fuchs und den Trauben ist das klassische Vorbild für alle menschlichen Versuche, sich im Nachhinein schönzureden, was man nicht erreichen konnte. »Sie sind mir noch nicht reif genug, ich mag keine sauren Trauben«, sagt der Fuchs nach mehreren vergeblichen Sprüngen am Weinstock, der hoch an einer Mauer hängt. Unverrichteter Dinge stolziert das Tier mit erhobenem Haupt in den Wald zurück. Um sich keine Blöße zu geben, wird das Ziel, dem gerade noch alle Bemühungen galten, verächtlich gemacht. Im Beziehungsleben gibt es dieses Verhalten natürlich auch, doch muss es in diesem Fall nicht von Nachteil sein. Im Gegenteil: Es kann sogar dazu führen, dass die Partnerschaft als erfüllender wahrgenommen wird und länger hält.

Als Wissenschaftler wissen wollten, wie Partner ihre Langzeitbeziehungen wahrnahmen, zeigte sich nämlich, dass Paare besonders dann mit dem Zustand ihrer Ehe zufrieden waren, wenn sie das Gefühl hatten, für andere Partner nicht besonders erstrebenswert zu sein.[111] Bei der Befragung von fast 500 Paaren stellte sich heraus, dass eine niedrige Selbsteinschätzung dazu führte, dass sie den Wert der eigenen Beziehung als umso höher einstuften. Das bezog sich auf die Zufriedenheit in der Ehe allgemein wie auch auf die sexuelle Befriedigung in der Partnerschaft.

Hatten die Partner hingegen – egal ob Mann oder Frau – das

Gefühl, problemlos immer wieder einen anderen Partner finden zu können, waren sie mit der eigenen Ehe nicht besonders glücklich. Insofern tut es der Haltbarkeit einer Beziehung vermutlich gut, wenn beide den Eindruck haben, andere Männer und Frauen sowieso nicht erreichen zu können – und dies auch gar nicht zu wollen, so wie der Fuchs die Trauben.

Den Ärger spüren lassen

> Liebe bedeutet, n emals um Verzeihung bitten zu müssen.
>
> *Love Story*

> Wenn man jemandem alles verziehen hat,
>
> ist man mit ihm fertig.
>
> *Sigmund Freud*

Es klingt nach menschlicher Größe, Warmherzigkeit und einer wichtigen Voraussetzung für eine lang anhaltende Liebesbeziehung: verzeihen können, wenn der Partner Fehler gemacht und sich garstig verhalten hat. Doch nach neuesten Erkenntnissen der Wissenschaft ist Vergeben und Verzeihen gar nicht immer die beste Reaktion für ein gedeihliches Miteinander. Vielmehr kann es mittel- und langfristig weitaus lohnender sein, seinen Ärger rauszulassen und den anderen nicht gleich mit offenen Armen aufzufangen, wenn er sich mies aufgeführt hat. Denn das sofortige Verzeihen hat seinen Preis.

»Wir kennen alle diese Phasen in einer Beziehung, in denen

sich der Partner uns gegenüber nicht gut verhalten hat«, sagt James McNulty von der Florida State University. »Sei es, dass er sich finanziell unverantwortlich benommen hat, untreu war oder den anderen vernachlässigt hat. Dann muss man sich entscheiden, ob man ärgerlich ist und den anderen den Ärger oder die eigene Kränkung auch eine Weile spüren lässt – oder gleich verzeiht.«[112]

Wird der Konflikt von einem verständnisvollen Partner sofort in Harmonie-Sauce ertränkt, kann das zwar kurzfristig entlastend wirken, weil dem Streit aus dem Weg gegangen wurde. Auf Dauer geht dies aber auf Kosten der Beziehung. Zwar sind der Ärger und die angespannte Situation für beide Seiten unbequem und lästig, aber wenn der Konflikt ehrlich besprochen und ausgetragen wird, haben beide Seiten langfristig mehr davon, als wenn die Friede-Freude-Eierkuchen-Stimmung die eigentlichen Probleme sofort verdeckt – und sie dann beim nächsten Anlass erneut ausbrechen und umso vehementer die Beziehung gefährden.

»Gedanken und Verhaltensmuster, die üblicherweise als positiv gelten, können ziemlich negative Auswirkungen haben«, weiß McNulty. »Und dies trifft offenbar gerade auf Menschen zu, die sowieso schon nicht so gut für sich sorgen können.«

James McNulty hat in seinen Untersuchungen beobachtet, dass es natürlich auch von den Eigenheiten des Partners abhängt, ob die Bereitschaft zu vergeben ausgenutzt wird oder womöglich doch zu einem besseren Miteinander in der Beziehung führt. »Wenn ein verständiger, zugewandter Mensch glaubt, dass der Partner ihm leicht vergibt und verzeiht, wird er sein Verhalten vermutlich ändern und ihn zukünftig seltener vor den Kopf stoßen«, sagt der Psychologe. »Wer jedoch eher aggressiv und selbstbezogen ist, nutzt diesen Umstand wahrscheinlich als eine Art Freifahrtschein und wird den Partner immer wieder kränken.« Bei solchen Zeitgenossen kann die massiv gezeigte Verärgerung ein wichtiges Signal sein, das deutlich macht: So nicht – dieses Verhalten kann ich nicht akzeptieren, und es sollte auf gar keinen Fall wieder vorkommen.

Der passende Umgang mit Konflikten ist nicht nur für die emotionale Haltbarkeit der Beziehung von großer Bedeutung, sondern damit auch indirekt für das gesundheitliche Wohlergehen beider Partner. Die Intensität der Bindung wirkt sich schließlich auf etliche körperliche Bereiche aus: Die Schwangerschaft verläuft mit weniger Komplikationen, Fehlbildungen beim Neugeborenen sind seltener, und bei den Partnern selbst sind chronische Erkrankungen bis hin zu Krebs nicht so häufig, wenn sich beide sicher gebunden fühlen.

»Wer sich gut aufgehoben und umsorgt fühlt, wird seltener krank und hat statistisch gesehen auch eine höhere Lebenserwartung«, sagt auch Paula Pietromonaco von der University of Massachusetts in Amherst. »Die meisten Menschen haben eine enge Bezugsperson – bei Erwachsenen zumeist der Partner –, von der sie Unterstützung bekommen, wenn sie sich unwohl fühlen oder Trost brauchen.«

Die Intensität, mit der die Bindung empfunden wird, wirkt sich unmittelbar auf das Ausmaß der Stressreaktion und die Stressbewältigung aus. Die Menge, in der das wohl wichtigste Stresshormon im Körper, das Cortisol, ausgeschüttet wird, hängt schließlich unmittelbar von der Bindungsqualität ab. Pietromonaco und ihr Team haben gezeigt, dass bei Paaren, bei denen die Frau ängstlich an ihren Partner gebunden ist und immer wieder Nähe, Bestätigung und Unterstützung von ihm braucht, und der Mann zum »vermeidenden Typus« gehört, die Cortisol-Spiegel schon vor einem Konflikt stark ansteigen.

»Bei der Kombination aus ängstlicher Frau und vermeidendem Mann gibt es größere Schwierigkeiten damit, Konflikte auszutragen«, behauptet Pietromonaco. »Sie bringen sich auch nicht richtig in Diskussionen über ihre Auseinandersetzungen ein – und eine derartige Einschränkung, bei der die eigenen Gefühle reguliert werden, ist nicht gut für beide.«

Aus zahlreichen Studien ist ja bekannt, dass erhöhte Cortisol-Konzentrationen die Anfälligkeit für Angststörungen und Depressionen erhöhen. Aber auch für den Umgang mit anderen Leiden ist die Gefühlsregulation offenbar von großer Bedeutung. Dabei ist es wichtig, nicht nur auf den Klienten selbst zu achten, sondern ebenso darauf, wie die Partner für sich und andere sorgen, wie die amerikanische Familienforscherin Lynn Martire von der Pennsylvania State University beobachtet hat.

Wenn die Liebe schwindet

> Ich habe keinen Mann so gehasst,
> dass ich ihm seine Diamanten zurückgegeben hätte.
>
> *Zsa Zsa Gabor*

Er hat schlechte Laune, weil er sich immer noch nicht getraut hat, seinen Chef um ein klärendes Gespräch zu bitten. Sie ist genervt, weil sie sich mit einer Kollegin gestritten hat. Beide hatten einen furchtbar anstrengenden Tag. Beiden täte jetzt Entspannung gut und vor allem ein freundliches, aufmunterndes Wort des Partners. Sie erhoffen sich einen liebevollen Abend, aber dummerweise erleben sie das Gegenteil. Erst gehen sich beide aus dem Weg, dann kommt es irgendwann zum Zusammenprall.

Sie macht ihm Vorwürfe, dass er sich zu wenig um das Zusammenleben kümmert, nach sieben Jahren Gemeinsamkeit sei er nicht mehr aufmerksam und vernachlässige sie und die Beziehung. Er wird erst ironisch, dann zynisch und sagt Gemeinheiten zu ihr. Sie wird wütend, schreit ihn an und knallt die Tür. Beiden tut die Auseinandersetzung nicht gut, von Versöhnung keine Spur. Er merkt, wie sich bei jeder weiteren Bemerkung seine Brust zusammenzieht, auch in der Magengegend ist ihm nicht wohl. Ihr hat es schon längst die Kehle zugeschnürt, und sie ringt nach Atem. Ihr Puls rast. Später wird sie lange wach liegen und nicht einschlafen können.

In solchen Momenten ist eine Partnerschaft alles andere als wohltuend oder gar gesund. Aggressionen sind Gift für Herz und Seele. Leider haben viele Paare mit der Zeit spezielle

Rituale entwickelt, wie sie sich besonders arglistig demütigen und ärgern und sich gegenseitig das Leben schwermachen. Dass Menschen, die in einer Paarbeziehung leben, seltener krank werden als Singles und ihre Lebenserwartung statistisch gesehen höher ist, stimmt zwar und ist hier auch schon in zahlreichen Untersuchungen belegt worden. Offenbar spricht dies aber nur dafür, dass sich die meisten Menschen in Partnerschaften unterstützen und bereichern. Für Paare, die sich hauptsächlich angiften, stimmt das nicht.

Menschen in einer Paarbeziehung sind schließlich nur dann gesünder, wenn Liebe, Zuneigung und Aufmerksamkeit das Miteinander bestimmen und nicht Missgunst, Wut oder gar Hass überwiegen.

Wenn ein Paar nicht mehr harmoniert, schlägt sich das besonders, wie schon einmal erwähnt, negativ auf das Herz nieder. Mediziner und Epidemiologen aus London haben gezeigt, dass unglückliche Beziehungen auf Dauer das Herz schädigen können.[113] Dazu untersuchten sie mehr als 9000 britische Beamte und erhoben genau, wie diese ihre Partnerschaft einschätzten.

So wurde erfragt, ob die Staatsdiener sich in ihrer Beziehung aufgehoben fühlten und von ihrem Partner emotionale wie praktische Unterstützung erfuhren oder ob das Verhältnis eher feindselig, gereizt und aggressiv war. Zusätzlich wurde erfasst, unter welchen anderen psychischen Belastungen, etwa im Beruf, die Teilnehmer litten, sowie ob sie übergewichtig waren, rauchten und über Bluthochdruck klagten. Über einen Zeitraum von mehr als zwölf Jahren beobachteten die Wissenschaftler, wie es den Versuchsteilnehmern erging und sich ihr Befinden veränderte.

Wer über eine miese Beziehung klagte, mit seinem Partner ständig auf Kriegsfuß stand und nicht von Liebe, sondern von Aggressionen erfüllt war, bei dem war das Risiko für einen Herzinfarkt um ein Drittel höher im Vergleich zu den ausgeglichenen und zufriedenen Versuchsteilnehmern. Wurden diejenigen aus der Analyse rechnerisch ausgeschlossen, die unabhängig vom Zustand ihrer Partnerschaft sowieso meistens negative Gefühle hegten, bestand immer noch ein um 25 Prozent erhöhtes Risiko für einen Herzschlag, wenn die Partnerschaft nur noch einem Scherbenhaufen glich. Dieser Zusammenhang galt unabhängig von Einkommen und Ausbildungsgrad.

Dass ein Streit wie ein klärendes Gewitter in einer Beziehung wirkt, stimmt eben nur, wenn anschließend nicht weiter Groll gegen den Partner gehegt wird. Überwiegen jedoch dauerhaft Empfindungen wie Ärger und Abneigung, macht die Partnerschaft erst unglücklich und dann krank. Sich gar nicht mehr zu streiten ist allerdings auch nicht gesund. Wer sich so gleichgültig ist, dass ihn die unterschiedlichen Ansichten in seiner Partnerschaft kaltlassen, hat sich emotional längst daraus verabschiedet. Eine derartige Teilnahmslosigkeit tut weder dem Partner noch der eigenen Gesundheit gut.

Bis dass der Tod euch scheidet:
Ihn erleben oder überleben?

> Das Leben ist kurz, weniger wegen der kurzen Zeit,
> die es dauert, sondern weil uns von dieser kurzen Zeit
> fast keine bleibt, es zu genießen.
> *Jean-Jacques Rousseau*

Frauen leben zwar länger, aber sie haben wenig davon. Ein lebensnahes Postkartenmotiv zeigt, warum an diesem Spruch in etlichen Beziehungen etwas dran ist: Man sieht ihn mit dicker Wampe auf dem Sofa herumlümmeln, Bier und Chips-Tüte in der Hand, der Fernseher läuft. Sie ist abgekämpft im Hintergrund zu sehen und bearbeitet mit dem Staubsauger den Fußboden. Will sagen: Seine Gesundheit und damit auch sein Leben sind zwar gleich durch mehrere schädliche Verhaltensweisen bedroht, aber er lässt es sich zumindest gutgehen und genießt die Zeit, die ihm bleibt. Sie hingegen rackert sich ab und schuftet den ganzen Tag. Ist es unter solchen Umständen für Frauen wirklich ein Vorteil, eine längere Lebenserwartung als Männer zu haben?

Immerhin: Die Lebensverhältnisse von Männern und Frauen gleichen sich immer mehr an. Das schlägt sich auch in den Daten zur Lebenserwartung nieder, die das Statistische Bundesamt regelmäßig veröffentlicht: Sie ist für beide Geschlechter gestiegen, doch der Unterschied zwischen Männern und Frauen liegt nur noch bei 5,2 Jahren. In den siebziger Jahren betrug die Differenz sieben Jahre, 1993 waren es immerhin noch 6,5 Jahre. Ein neugeborener Junge hat in Deutschland nach den jüngsten Erhebungen der Statistiker eine Lebenserwartung von 77,3 Jahren, ein Mädchen sogar von 82,5 Jahren.

Erklärungen für die kontinuierliche Angleichung gibt es viele: »Der soziale Unterschied von Mann und Frau wird geringer«, sagt Rembrandt Scholz, Statistiker am Max-Planck-Institut für demografische Forschung in Rostock. »Dieser Trend ist schon seit 30 Jahren zu beobachten.« Dazu zählt, dass die Unterschiede im Arbeitsalltag und Verkehr abnehmen. »Früher fuhr nur der Mann mit dem Auto zur Arbeit und war dort manchmal großen Risiken ausgesetzt, etwa im Bergbau oder in handwerklichen Berufen«, so Scholz weiter. Männer üben heute weniger riskante Berufe aus und sind nur noch selten als Sprengmeister, unter Tage oder im Sägewerk tätig, sondern meistens im Büro. Frauen fahren immer öfter Auto – mit allen nachteiligen Folgen für Leben und Gesundheit.

Traditionell essen Männer aber immer noch zu viel, zu fettig und zu unausgewogen. Sie achten weniger auf ihren Körper und setzen sich in Beruf wie Freizeit größeren Gefahren aus. Das Risikoverhalten der Geschlechter ändert sich jedoch auch. Seit Jahren beobachten Forscher, dass sich der Anteil der rauchenden Frauen dem der Männer annähert. Und immer mehr Männer kümmern sich um ihre Ernährung und Figur.

Eine biologische Grenze für die Angleichung der Lebenserwartung von Mann und Frau gibt es dennoch, wenngleich sie erstaunlich dezent ausfällt. »Geringer als ein Jahr wird die Differenz nicht werden«, sagt Demograph Scholz. Die Forscher wissen das aus Untersuchungen von Nonnen und Mönchen. Im Kloster seien kaum Unterschiede in der Lebensführung vorhanden. Da Frauen dort im Durchschnitt trotzdem zwölf Monate länger leben, müsse das an ihrem hormonell bedingten Schutz vor Herzerkrankungen und damit einem kleinen biologischen Überlebensvorteil liegen.[114] Wenn sich zukünftig die Lebenserwartung von Männern und Frauen klösterlichen Werten annähern würde, hätte das vermutlich auch Auswirkungen auf die Kommunikation der Geschlechter. Dann würde nicht mehr gelten: Frauen reden mehr als Männer, weil sie unbedingt alles mit ihm besprechen wollen, solange er noch lebt.

Die Frau als Erzieherin zu gesundem Verhalten

Der Mensch ist frei geboren, und überall liegt er in Ketten.

Jean-Jacques Rousseau

Frauen, die rechtzeitig erkennen, dass man einen Mann nicht erziehen kann, ersparen sich den halben Kummer ihres Ehelebens.

Michèle Morgan

Die äußeren Faktoren der Arbeitswelt haben sich zwar stark verändert, aber das Gesundheitsverhalten der Geschlechter im Alltag ist nahezu gleich geblieben. In heterosexuellen Partnerschaften ist es fast immer die Frau, die den Mann auffordert oder ermahnt, sich gesünder zu ernähren, mehr Sport zu treiben und besser auf sich achtzugeben. Er lässt sich hingegen tendenziell gehen und ist genervt, wenn sie ihn zu häufig maßregelt.

In homosexuellen Beziehungen gibt es gelegentlich auch so etwas wie den »Gesundheitsbeauftragten«, der den Partner auffordert und ermahnt – aber viel häufiger ist ein gemeinsames Gesundheitsverhalten zu beobachten. Analysen von ausführlichen Befragungen von Menschen mit unterschiedlichen Neigungen zeigten, dass Lesben und Schwule viel häufiger Vorstellungen von der richtigen Diät und dem regelmäßigen Sportprogramm teilten oder sich sogar beim Joggen oder in einem Fitnessstudio kennengelernt hatten und immer noch die Momente besonders genießen, in denen sie sich zusammen bewegen.[115]

In heterosexuellen Partnerschaften gibt es hingegen in mehr als 80 Prozent der Fälle die klassische Rollenaufteilung: Sie sagt, dass er nicht so viel, so fett, so salzig, so süß und nicht so viel Fleisch essen soll – und wenn er ausnahmsweise einkaufen gewesen ist, stöhnt sie über den Mist, den er mitgebracht hat, während er sich auf die Chips, Fertiggerichte und Tiefkühlpizzen freut, die er ausgesucht hat. Sie rät ihm zu mehr Bewegung und dazu, weniger riskant Auto zu fahren, weniger Alkohol zu trinken und das Rauchen aufzugeben. Typisch sind wohl die Antworten von Richard und Christine in einer Befragung zu ihrem Gesundheitsverhalten:

Er: »Meine Frau ist eine Art Gesundheitsfanatikerin. Sie wollte mich sofort auf Magermilch setzen. Ich habe gesagt: Niemals! Niemals werde ich Magermilch trinken. Dann hat sie mich auf Milch mit zwei Prozent Fettanteil gesetzt und schließlich doch auf Magermilch.«

Sie: »Er hat ein krankhaftes Gesundheitsverhalten, das geht gar nicht. Er isst keine Früchte und kein Gemüse und keinen Salat – gar nichts Gesundes! Er isst nur Junkfood.«

Dabei meinen es die Frauen ja nur gut (auch wenn gut gemeint nicht immer gut gemacht ist), wie die Antworten von Maria zeigen:

>»Er passt körperlich überhaupt nicht auf sich auf, seine Ernährungsweise macht mich wahnsinnig. Ich bemühe mich wirklich, ihm ein gutes Essen zu bereiten, und stelle ihm Obst und Gemüse und Vollkornprodukte hin. Er würde nicht auf sich achten, aber ich versuche das auszugleichen und habe deshalb zu Hause die besten Lebensmittel, die ich auftreiben kann.«

Welche Folgen diese Bevormundung des Mannes auf Dauer für die Beziehung hat, ist bisher noch wenig untersucht worden. Entweder resigniert er und ergibt sich seinem Schicksal mit Magermilch und Müsli, um sie nicht zu verstimmen. Oder er rebelliert und wird erst recht ein Freund von Fertigprodukten, Alkohol und Süßigkeiten, die er sich dann – je nach Mut und Domestizierungsgrad – wenigstens manchmal auch zu Hause gönnt.

Klassiker der Zerrüttung vermeiden

Sie müssen den Partner gar nicht verstehen!

Das typische Gespräch zwischen einem Mann und einer Frau, die sich bereits eine Weile kennen, kann man sich in etwas überspitzter Form so vorstellen:

»Ich muss mit dir reden«, sagt sie im Auto zu ihm. Er starrt in den Regen und muss plötzlich abbremsen. Irgendetwas klopft. »Für mich ist das eine große Belastung. Ich glaube, du machst dir gar keine Vorstellung davon, was ich gerade durchmache.«
Er nickt und lauscht auf die Fahrgeräusche. Er bekommt dieses Klopfen nicht mehr aus dem Ohr. Wahrscheinlich der Motor.
»Ich wünsche mir, mehr aufgehoben zu sein in dir und deinen Gedanken«, sagt sie. »Manchmal habe ich das Gefühl, ich komme in deiner Welt überhaupt nicht vor. Ich habe immer noch meine Bedürfnisse und Träume, trotz all der gemeinsamen Jahre. Ich will die Hoffnung noch nicht aufgeben. Noch nicht.«
Er nickt. Da ist wieder dieses Klopfen. Er hätte mit dem Auto längst zur Inspektion gemusst.
»Sag doch etwas, ich habe manchmal das Gefühl, du nimmst mich gar nicht mehr wahr. Du hörst gar nicht zu. Aber ich habe auch noch meine Fantasien. Manch-

mal wünsche ich mir, dass da ein Prinz kommt, auf einem weißen Pferd und mich mitnimmt«, sagt sie. Da ist es wieder. Der Motor klopft. Er fährt langsamer. Das muss sie doch auch hören, denkt er bei sich. »Irgendwas läuft da nicht rund«, sagt er und beschließt, morgen in der Werkstatt anzurufen.

»Ich bin froh, dass du es genauso siehst wie ich«, sagt sie erleichtert. »Ich wusste, dass du es verstehen würdest.«

Er lauscht auf das Klopfen, das leiser geworden ist, aber immer noch hörbar. »Nichts, was man nicht reparieren könnte«, sagt er.

Zu Hause ruft sie ihre Freundin an und redet zwei Stunden mit ihr darüber, wie schwierig die Beziehung ist und dass sie seine Gleichgültigkeit manchmal frösteln lässt. Danach hat sie eine durchwachte Nacht. Er hat währenddessen den Fernseher angeschaltet und geht erst später als sie ins Bett. Nach kurzer Zeit sind seine Atemzüge ruhig und regelmäßig. Er schläft tief und fest. Am nächsten Tag fragt ihn ein Freund, wie es eigentlich zwischen ihm und seiner Frau so steht.

»Ganz gut«, sagt er. »Aber ich glaube, sie wünscht sich ein Pferd.«

Dass Männer Frauen verstehen können, ist eine Illusion, von der sich die meisten Männer spätestens dann verabschieden, wenn ihre erste Beziehung in die Brüche gegangen ist. Frauen hängen dieser Idee zwar selbst nach mehreren Enttäuschungen noch nach, doch auch sie zweifeln an seinem Geisteszustand oder dem eigenen Einfühlungsvermögen, wenn sie ihn beim Trinkgelage oder mit dem Trikot seiner Lieblingsmannschaft vor dem Fernseher aufspringen sehen. Manchmal reicht es schon, zu erleben, wie er mit seinem besten Kumpel herumalbert, um sich kopfschüttelnd zu fragen, was in diesem Kindskopf so vorgeht – und wie sie sich ausgerechnet für ihn hat entscheiden können.

Dabei müssen sich Partner gar nicht unbedingt verstehen. Es gibt zwar Hinweise darauf, dass empathisches Einfühlungsvermögen eine tiefe Beziehung erst möglich macht und es für ein bleibendes Miteinander wichtig ist, sich verstanden und wertgeschätzt und in seinen Stimmungen vom anderen erkannt zu fühlen. Empathie von beiden Seiten verbessert offenbar auch die Kommunikation und verringert die Konflikte. Einen Einfluss auf die Dauer und die Qualität der Beziehung hat das Ausmaß der Empathie aber offensichtlich nicht – zumindest nicht in jungen Jahren.[116]

Psychologen der University of Tennessee zeigten bei mehr als 200 Paaren, die einen wahren Marathon an Beziehungsgesprächen absolvierten, dass die Länge und Haltbarkeit der Partnerschaft gar nicht davon abhängig war, wie empathisch die Beteiligten waren und die Gemütszustände des anderen genau erkannten. Außerdem war es für die Forscher überraschend, dass sich die Empathie weder mit der Dauer der Beziehung vertiefte noch mit zunehmendem Alter der untersuchten Paare anstieg, was angesichts der Altersgruppe zwischen 14 und 22 Jahren besonders erstaunlich war.

Völlig irritierend war für die Wissenschaftler zudem, dass sich das Ausmaß der Empathie auch nicht auf die Zufriedenheit in der Beziehung auswirkte. Im Gegenteil: Zeigten sich die jungen Männer besonders aufmerksam darin, den Geistes- und Gemütszustand ihrer Freundin oder Partnerin zu erkennen, wurde die Qualität der Beziehung sogar als schlechter eingestuft, als wenn die empathischen Fähigkeiten der Männer eher begrenzt waren. Ob die jungen Damen nun mehr oder weniger empathisch waren und Verständnis für seine Macken aufbrachten, spielte für die Güte der Beziehung hingegen überhaupt keine Rolle.

Sie mäkelt, er stellt auf Durchzug

> Die meisten Differenzen in der Ehe beginnen damit,
> dass eine Frau zu viel redet und ein Mann zu wenig zuhört.
>
> *Curt Goetz*

In der besten aller Welten lesen sich Mann und Frau ihre jeweiligen Wünsche von den Lippen oder den Augen ab und erfüllen sie, bevor der andere sie überhaupt hat äußern können. In Wirklichkeit kommt diese Idealsituation allerdings nur äußerst selten vor. Eher leiden beide darunter, dass der Partner nicht das macht, was man von ihm erwartet oder sich gar in seinen geheimsten Träumen wünscht. Besonders Männer sind schnell genervt davon, wenn man ihnen ständig sagt, was sie zu tun und zu lassen haben und dass wieder irgendetwas an ihrem Verhalten auszusetzen war. Dabei will er doch nur seine Ruhe haben. Seine klassische Entgegnung: »Ich mäkele ja auch nicht ständig an dir herum!«
Aus männlicher Sicht stellt sich die Lage nach einigen Ehejahren in vielen Fällen so dar: Die Männer wollen, dass ihre

Frauen so bezaubernd bleiben, wie sie zu jenem Zeitpunkt waren, als sie sich in sie verliebt haben. Frauen wollen hingegen, dass ihre Männer sich permanent ändern, und begreifen den eigenen Gatten als Gestaltungsprojekt, an dem es dauernd etwas zu feilen und zu polieren gibt. Das Projekt Mann wird – ähnlich dem Berliner Flughafen – nie ganz fertig. Immer ist da noch eine weitere Baustelle. Auch wenn er sich alle Mühe gibt, lässt sich hier und da etwas optimieren. Diese unterschiedlichen Sichtweisen der Partner auf den anderen sind eine permanente Quelle für Konflikte. Die Reaktionen schaukeln sich zu immer neuen Streitigkeiten hoch: Sie fordert, setzt ihn unter Druck, kritisiert ihn und klagt und beschwert sich über seine Macken und Eigenheiten. Die Vorwürfe werden häufig wütend, enttäuscht oder aggressiv vorgebracht, sie fühlt sich unverstanden und missachtet. Und der Mann? Zieht sich wie in ein Schneckenhaus zurück, richtet sich in seiner Verteidigungshaltung ein und bleibt jetzt erst recht passiv, abweisend und bockig. Wenn er sich doch zu etwas aufrafft, dann höchstens noch zur zeitweisen Flucht in klassische Männerrefugien wie den Hobbykeller, den Sportverein oder die Kneipe.

Psychologen der University of California in Los Angeles haben untersucht, wie sich Paare tatsächlich verhalten, wenn sie die Beziehung verändern wollen. Wie oft fordert der eine und macht Vorwürfe – und reagiert der andere dann automatisch mit Rückzug? Meistens war tatsächlich die Frau diejenige, die sich Veränderungen wünschte und dies auch ansprach – und der Mann zog sich zurück.[117] Natürlich hing die emotionale Beteiligung des Partners weiterhin davon ab, wer etwas vom anderen wollte: Waren die Männer mit der

Situation unzufrieden, schlüpften sie in die Rolle dessen, der immer wieder auf Veränderungen pochte. Dann zogen sich manchmal auch die Frauen zurück.

Erstaunlicherweise zeigte die Untersuchung aber zudem, dass die Frauen sich im Mittel gar nicht viel aggressiver, fordernder und kritischer in den Beziehungsgesprächen verhielten als ihre Partner – dass die Männer aber oft schon auf die leiseste Anmerkung mit empörtem Rückzug reagierten oder sofort bockig wurden und auf Durchzug stellten.

Frauen schätzen es – anders als die meisten Männer – sogar sehr, wenn ihre Partner sich eine Veränderung wünschen und mögliche Verbesserungsvorschläge für die Partnerschaft ansprechen. In solchen Gesprächen sind beide Seiten wenig anstrengend, sondern eher verständnisvoll, und keiner von beiden zieht sich zurück.[118] Geht es hingegen eher um die Angelegenheiten der Frau, wird ihre Kommunikation fordernder. Er entzieht sich dann schnell wieder dem Gespräch und ist emotional kaum beteiligt.

Für die Partnerschaft ist es hilfreich und stabilisierend, wenn er immer wieder mal ausdrückt, dass er Dinge in der Beziehung verändern will. Sie spürt dann, dass ihm die Ehe noch wichtig und er emotional beteiligt und nicht gleichgültig ist. Frauen, die diese Initiativen von ihren Männern kennen, sind zufriedener in der Ehe und haben sogar den Eindruck, ihre Partnerschaft als immer bereichernder zu erleben. Demgegenüber wird bei Frauen, die das Gefühl haben, selbst alles ansprechen zu müssen, die Befriedigung in der Ehe mit der Zeit immer geringer, wie Untersuchungen von Paaren nach zwölf Monaten und nochmals nach mehreren Jahren ergeben haben.[119]

Sie quasselt ihn zu? Von wegen!

> Sie: Hermann ...
>
> Er: Ja ...
>
> Sie: Was machst du da?
>
> Er: Nichts ...
>
> Sie: Nichts? Wieso nichts?
>
> Er: Ich mache nichts ...
>
> Sie: Gar nichts?
>
> Er: Nein ...
>
> *Loriot: Der Feierabend*

Wissenschaft kann grausam sein. Zumindest dann, wenn sie liebgewonnene Vorurteile zerstört. Als gesichertes Alltagswissen gilt etwa, dass Frauen viel mehr reden als Männer und diese damit wahlweise zur Weißglut oder in die Verzweiflung treiben. Die millionenfache tägliche Erfahrung scheint das zu bestätigen. Ob in Sketchen von Loriot, seriöser Literatur oder sogenannten Beziehungskomödien – das Stereotyp von der geschwätzigen Frau und dem schweigsamen Mann ist in der westlichen Kultur fest verankert. Der weibliche Redeschwall gilt sogar als Ausweis sprachlicher, sozialer und sonstiger Kompetenz. Die Psychiaterin Louann Brizendine aus Kalifornien hat den kleinen Unterschied in Zahlen gefasst: Demnach kommen Frauen auf durchschnittlich 20 000 Wörter am Tag, Männer hingegen bringen nur etwa 7000 Wörter täglich über die Lippen.

Diese Zahlen werden immer wieder in den Medien zitiert, etwa um zu beweisen, dass Männer nie zuhören und Frauen sie in der Folge nur umso ausdauernder zutexten. Das Problem an der eingängigen Statistik: Jahrelang hat sie niemand überprüft und tatsächlich nachgezählt. Psychologen aus den USA haben sich aber diese Mühe gemacht und sind zu dem Ergebnis gekommen, dass Frauen keineswegs die größeren Plaudertaschen sind, sondern dass Männer genauso viel reden.[120] »Wir haben auch keinen Hinweis dafür gefunden, dass Frauen über einen ausgefeilteren Wortschatz verfügen«, stellten die Autoren um den Psychologen Matthias Mehl von der University of Arizona in Tucson fest.

In der Studie kamen die angeblich verschlossenen Männer auf durchschnittlich 15 669 Wörter am Tag. Die ach so schwatzhaften Frauen brachten es hingegen täglich auf 16 215 Wörter – ein statistisch nicht bedeutsamer Unterschied. »Die Ansicht, dass Frauen mitteilsamer sind als Männer, wird zwar ständig wiederholt, doch jetzt erweist sie sich als unbegründetes Vorurteil«, sagt der amerikanische Psychologe James Pennebaker.

Wie gesprächig die Geschlechter im Alltag sind, hat das Team um Matthias Mehl mit Hilfe elektronischer Aufnahmegeräte untersucht. Sechs verschiedene Gruppen mit insgesamt 400 Teilnehmern aus den USA und Mexiko bekamen Rekorder, die bis zu zehn Tage lang alle zwölf Minuten Geräusche aufzeichneten, ohne dass die Probanden es bemerken konnten, wann die Aufnahme gestartet wurde. Auf diese Weise wurden 17 Stunden lang täglich die Gespräche von Männern wie Frauen registriert – Partygeplauder und Liebesschwüre ebenso wie Streitereien oder berufliche Besprechungen.

Die Teilnehmer waren jünger als dreißig. Aus zahlreichen Einzelfallbeobachtungen ist wissenschaftlichen Laien jedoch bekannt, dass die Frauen in ihrem Umfeld mit zunehmendem Alter eher gesprächiger als schweigsamer werden. Eine gängige Erklärung dafür lautet, dass Frauen um die geringere Lebenserwartung ihrer Männer wissen. Wenn manche Ehefrau zur Quasselstrippe wird, folgt sie allein der Devise: Sie will ihm unbedingt alles erzählen, was sie beschäftigt, solange er noch zuhören kann. Dass es Frauen gibt, die partout nicht den Mund halten können, weiß auch die Wissenschaft. »Es gibt natürlich extreme individuelle Unterschiede«, sagt Matthias Mehl. Die Rekorde in dieser Studie stellten allerdings die Männer auf. Der größte Schwätzer unter ihnen kam auf unglaubliche 47 000 Wörter am Tag. So viel redete keine Frau. Ein anderer Mann hingegen – offenbar ein großer Schweiger und ein Vorbild für effektive Kommunikation – brachte gerade mal 500 Wörter am Tag heraus.

Hunger nach Harmonie

> Du und ich: Wir sind eins. Ich kann dir nicht weh tun,
> ohne mich zu verletzen.
>
> *Mahatma Gandhi*

Die Harmonie ist in dysfunktionalen Partnerschaften eigentlich immer bedroht. Einigkeit lässt sich nur noch selten herstellen. Es gibt allerdings eine Methode, um die Tageszeit zu bestimmen, zu der sich Menschen am schnellsten wieder vertragen. Der Zeitpunkt wird offenbar auch davon beeinflusst, wie lange die nächste Mahlzeit noch auf sich warten lässt, wie ihre Qualität bewertet wird und wie groß der persönliche Nervensäge-Faktor ausfällt.[121] Die Forscher wählten ein Humanmodell, das sich ihren Aussagen zufolge auch auf langgediente Paare und andere Beziehungskonstellationen übertragen lässt.

Sie erfassten die Zeit, die medizinische Fachgremien brauchten, bis sie sich auf eine Empfehlung oder eine Leitlinie einigen konnten. Die Ärzte erfassten dazu das Maß für die Frustration über die Uneinigkeit und entwickelten außerdem eine Skala, um die Sehnsucht nach einer Mahlzeit zu bewerten.

Die Auswertung der kanadischen Wissenschaftler ergab, dass es vormittags im Durchschnitt 14,43 Minuten bis zur Einigkeit dauert, wenn das nächste Essen erst in zwei Stunden oder später serviert wurde. Rückt die Mahlzeit näher, stellt sich Harmonie hingegen bereits schon nach 9,49 Minuten ein. In der nachmittäglichen Verdauungsphase war der Effekt noch deutlicher ausgeprägt. Stand das nächste Essen an, dauerte es nur 4,39 Minuten statt zuvor 11,05 Minuten, bis sich die Beteiligten einig waren.

Auch die Qualität der Speisen hat starken Einfluss darauf, wie schnell sich die Beteiligten vertragen. Wird furchtbarer Fraß angeboten, zögert sich die Einigkeit um 11,30 Minuten heraus, während dafür nur 8,47 Minuten benötigt werden, sobald erlesene Spezereien aufgetischt werden. Den größten Einfluss auf die Harmonie haben jedoch die persönliche Ungeduld und das Ausmaß, in dem man vom Gegenüber genervt ist. Liegt der Wert bei vier, dauert es 12,25 Minuten, bis Einigkeit herrscht. Erreicht der Faktor jedoch den Höchstwert von zehn, ist nicht mal eine Minute nötig, bis – um des lieben Friedens willen – Ruhe einkehrt. Die Daten sind zwar bisher nur vorläufig. Bis sie von anderen Forschern bestätigt werden, lassen sie aber den Schluss zu, dass gutes Essen in kurzen Intervallen und eine hohe Frustrationstoleranz die Harmonie erheblich fördern können.

Und täglich grüßt das Murmeltier

> Ehe: eine Gemeinschaft, bestehend aus einem Herrn,
> einer Herrin und zwei Sklaven, insgesamt zwei Personen.
>
> *Ambrose Bierce*

Dieses Paar muss noch erfunden werden: Es erlebt auch nach jahrelanger Beziehung jeden Tag aufregende Dinge miteinander, hat leidenschaftlichen Sex, liebt sich noch wie am ersten Tag – und sogar wenn beide getrennt etwas unternehmen, berichten sie einander voller Enthusiasmus und Anteilnahme von den Ereignissen des Tages. Im oftmals grauen Beziehungsalltag sieht es allerdings eher so aus: Gleichförmig ziehen die Tage dahin, man kennt die Geschichten des anderen weitgehend, und entsprechend lustlos hört man dem Partner zu, wenn er von seinen »Abenteuern« erzählt.

Dabei wäre teilnehmendes Zuhören von ihm wie von ihr ein einfaches, aber nicht immer leicht umzusetzendes Mittel dagegen, dass die Liebe langsam abhandenkommt. Videoanalysen von Paargesprächen haben gezeigt, dass es »kritische Momente« in den Alltagsgesprächen gibt, die erstaunlich viel Aufschluss darüber geben, ob eine Beziehung noch lange halten wird oder nicht.[122] Vereinfacht gesagt: Beide Partner müssen das Gefühl haben, dass ihre Berichte vom Tage mit Interesse und emotionaler Anteilnahme »belohnt« werden – ist dies nicht der Fall, drohen Frustration und Abkehr. Beides sind Verhaltensweisen, die sehr schnell die Beziehung gefährden können.

Typisch ist beispielsweise das Paar, das sich abends beim Essen wiedersieht, nachdem er im Büro war und sie sich um Kinder und Haushalt gekümmert hat. Sie erzählt ihm aufgeregt von den Fortschritten, die der zweijährige Sohn in seiner sprachlichen Entwicklung gemacht hat. Der Mann ist gar nicht bei der Sache und reagiert desinteressiert. Nachdem beide kurz über notwendige Besorgungen und die Organisation der nächsten Tage geredet haben, beginnt er dann unvermittelt von seinen aufregenden Erlebnissen im Büro zu erzählen.

Jetzt reagiert sie desinteressiert, aber auch irritiert, da er ihr Gesprächsthema ja überhaupt nicht aufgenommen, sondern von seiner Agenda zu reden begonnen hat. Diese Art der Kommunikation wird, wenn sie häufiger vorkommt, das Miteinander des Paares für den restlichen Tag prägen. Letztlich entsteht daraus ein Muster, das Gleichgültigkeit und auf Dauer die gegenseitige Abkehr voneinander bedeutet.

Bleiben Sie romantisch verliebt!

> Der einzige Unterschied zwischen einer Laune und der
> ewigen Liebe besteht darin, dass die Laune etwas länger dauert.
>
> *Oscar Wilde*

Es ist nicht leicht, aber hilfreich: Versuchen Sie, sich romantische Vorstellungen voneinander zu bewahren. Denn diese Wahrnehmung setzt sich auf Dauer im Kopf fest. Wer auch nach zehn Jahren Partnerschaft noch füreinander schwärmt, bei dem sind nämlich ähnliche Hirnregionen aktiv wie bei frisch Verliebten.[123] Das Belohnungs- und Glückssystem bleibt stimuliert, Hormone wie Dopamin und Oxytocin, die als molekulare Glücksbringer gelten, werden weiterhin vermehrt ausgeschüttet, und jene Hirnregionen, die besonders intensiv feuern, wenn es um Lust und Motivation geht, sind aktiviert.[124] Diese Erkenntnisse von Psychologen der Stony Brook University sind ermutigend für Langzeitpaare und solche, die es werden wollen – und außerdem verraten die Wissenschaftler sogar, wie man es schaffen kann, so lange voneinander begeistert zu sein.

»Die meisten Menschen glauben, dass die dauerhafte romantische Liebe das Gleiche ist wie die leidenschaftliche Liebe«, bemerkt die Psychologin Bianca Acevedo, die verschiedene Untersuchungen zum Beziehungsverhalten geleitet hat. »Stimmt aber nicht! Die romantische Liebe hat zwar wie die leidenschaftliche Liebe die Intensität, das Engagement und das Gefühl, sexuell zusammenzupassen – aber ohne diesen starken obsessiven Anteil.«

Zur leidenschaftlich obsessiven Liebe gehören eben auch

negative Gefühle, jene von Unsicherheit und Angst. Diese Art Liebe ist der Antrieb für kürzere Beziehungen und kennzeichnet den verwirrten, aber intensiven Zustand in den ersten wilden Monaten. Sie ist aber nicht der Motor für ein dauerhaftes Miteinander. Diese Unterschiede müsse man sich klarmachen, empfiehlt Acevedo.

Aber wie kann die Liebe von der ersten Leidenschaft zur langen, vertrauten und dennoch romantischen Partnerschaft hinübergerettet werden? Das Forscherteam um Acevedo hatte untersucht, welche Areale im Gehirn bei Paaren besonders aktiv sind, die auch nach mehr als zehnjähriger Gemeinsamkeit noch füreinander schwärmen und mit ihrer Beziehung zufrieden sind. Als die jeweiligen Partner Bilder der Personen betrachteten, denen sie in Liebe zugetan und treu waren, aktivierten sich jene Hirnareale, in denen Lust, Motivation und auch Begehren zentral verarbeitet werden. Die beobachteten Hormonausschüttungen im Gehirn der Dauerverliebten waren dabei ähnlich denen, die bei der frühen Mutter-Kind-Bindung entdeckt worden sind – nämlich die einer innigen Zuwendung und Liebe ohne erotische Anteile. Die körperliche Liebe steht bei Paaren, die schon lange zusammen sind, ja nicht mehr so sehr im Vordergrund. Trotzdem gibt es, wenn alles gutgeht, noch viele zärtliche Gefühle für den Partner.

Ein Unterschied der Langzeitliebenden zu den frisch Verliebten besteht auch darin, dass bei Letzteren jene Regionen, die starke Bindungsgefühle anzeigen und die stimuliert werden, wenn man sich wertgeschätzt fühlt und den Eindruck hat, etwas zurückzubekommen, noch nicht so aktiv sind.[125] Wird das Belohnungssystem durch Wertschätzung, Aufmerksamkeit und Respekt zu Beginn einer Beziehung besonders stark angesprochen, ist dies offenbar ein Zeichen dafür, dass die Partnerschaft länger halten kann.

Nicht klammern

> Ehe: gegenseitige Freiheitsberaubung
> im beiderseitigen Einvernehmen.
>
> *Oscar Wilde*

Es gibt viele Varianten, das gemeinsame Leben unerträglich zu machen. Sich nicht aus den Augen lassen, ständig argwöhnen und klammern gehören zweifellos dazu. Dieses Verhalten kann so übergriffig und anstrengend werden, dass es jede Liebe abtötet und schließlich die Beziehung vollends zerstört. Wissenschaftler haben dieses typische Verhalten klassifiziert, das im Englischen als *mate retention behaviour* bezeichnet wird, was so viel bedeutet wie: »den Partner einschränken und zurückhalten«.[126] Die Liebe, die uneigennützig darauf baut, den anderen zu schätzen, zu schützen und besser zur Entfaltung kommen zu lassen, wird hier in ihr Gegenteil verkehrt.

Die Klassiker der Beeinträchtigung sind im Folgenden kurz skizziert. Vieles davon lässt sich in Ansätzen – oder im Extrem – in fast allen Partnerschaften finden, wobei Männer stärker ihre Macht und ihre Ressourcen ausspielen und zur Not auch drohen, während Frauen eher auf äußere Reize setzen. Dies gilt übrigens für verheiratete wie für nicht verhei-

ratete Menschen. Ausgeprägter ist das einschränkende wie
das besitzanzeigende Verhalten (er legt beispielsweise ständig den Arm um sie) zudem, wenn Männer besonders junge
und attraktive Frauen heirateten – oder wenn sich Frauen mit
Männern zusammentun, die wohlhabend, ausgeprägt ehrgeizig oder von hohem Status sind. Hier ein Überblick über die
verschiedenen Taktiken, sich an den Partner zu klammern,
ihn mit Liebe zu erdrücken oder anderweitig einzuschränken:

- Kontrollverhalten: Der Partner wird ständig angerufen,
  um sicherzustellen, dass er sich auch dort aufhält, wo er
  es angegeben hat. Persönliche Dinge wie Taschen und
  Schreibtischschubladen werden durchsucht.
- Verbergen und Verstecken: Man nimmt die Partnerin nicht
  zu einem Fest mit, bei dem sie von anderen Männern zu
  sehr beäugt werden könnte. Man verlässt ein Fest, weil
  andere Männer die Partnerin ständig anschauen.
- Die Zeit wird monopolisiert: Man insistiert darauf, dass
  der Partner seine komplette freie Zeit mit einem verbringt.
  Man verbringt die eigene freie Zeit vollständig mit dem
  Partner, so dass er / sie niemanden anderes treffen kann.
- Zur Eifersucht anstacheln: Man redet auf einer Party so
  lange mit einer anderen Frau, bis die Partnerin eifersüchtig wird. Man interessiert sich über die Maßen für eine
  andere Frau, bis der Partner ärgerlich wird.
- Mit Strafe drohen: Ärgerlich werden, wenn der Partner zu
  heftig flirtet. Mit Trennung drohen, falls einen der Partner
  jemals betrügen sollte.
- Emotionale Manipulation: Schwören, dass man ohne den

Partner nicht leben kann. Dem Partner erzählen, wie abhängig man von ihm ist.

- Manipulation der Bindung: Dem Partner sagen, dass man sich unbedingte Liebe und Treue schwören muss. Den Partner immer wieder fragen, ob er einen heiraten würde (falls das noch nicht passiert ist).
- Andere schlechtmachen: Dem Partner Schwächen möglicher Konkurrenten ausführlich darlegen. Dem Partner sagen, wie blöd andere Männer/Frauen sind.
- Ressourcen ausspielen: Dem Partner ein besonders teures Geschenk machen. Ihn in extrem edle Restaurants ausführen.
- Sexuelle Reize ausspielen: Dem Partner zuliebe seine/ihre sexuellen Vorlieben bedienen. Dem Partner zuliebe mehr Körperlichkeit zulassen, als man eigentlich selbst will.
- Sich aufhübschen: Sich für den Partner besonders attraktiv machen. Sicher sein, dass der Partner einen schön und begehrenswert findet.
- Liebe und Zuneigung: Dem Partner Komplimente über sein Aussehen machen. Starke bis übertriebene Gefühle der Zuneigung für den Partner zeigen.
- Unterwerfung und Selbstentwertung: Dem Partner jeden Wunsch durchgehen lassen oder sogar erfüllen. Ihm immer recht geben.
- Verbale Besitzergreifung: Gleichgeschlechtlichen Freunden erzählen, wie sehr man gegenseitig ineinander verliebt sei. Vor Freunden mit dem Partner prahlen.
- Körperliche Besitzergreifung: Vor anderen ständig den Arm um den Partner legen. Die Hand des Partners halten, wenn andere in der Nähe sind.

- Besitzergreifender Schmuck: Den Partner auffordern, den geschenkten Ring zu tragen. Dem Partner Schmuck als Präsent machen, der anzeigt, dass sie »mein« ist.
- Schlechtmachen: Anderen erzählen, wie furchtbar der eigene Partner ist und dass er nicht sehr nett ist.
- Drohkulisse: Andere aggressiv anstarren, sobald sie den eigenen Partner zu intensiv angucken.
- Gewalt gegen Rivalen: Schläge androhen, wenn jemand am eigenen Partner interessiert ist.

Erstaunlicherweise verändert sich das Ausmaß, in dem der Partner kontrolliert und eingeengt wird, wenn Frauen die Pille nehmen. Unter dem Hormoneinfluss werden sie ängstlicher und schränken ihren Mann stärker ein.[127] Sie versuchen eher, ihn zu manipulieren und an sich zu binden. Je höher die Östrogen-Dosis in ihrer Pille ist, desto häufiger zeigen sie die typischen Spielchen aus Drohung, Hingabe und Unterwerfung. Und je stärker einer von beiden versucht, auf diese Weise die Gefühle und die Emotionen in der Bindung zu manipulieren, desto stärker ist die Partnerschaft gefährdet.

Machen Sie sich bewusst, welche Nebenwirkungen eine Trennung hat

> Es gibt nur einen Weg, eine glückliche Ehe zu führen,
> und sobald ich erfahre, welcher das ist, werde ich erneut heiraten.
>
> *Clint Eastwood*

Klar, wenn die Liebe verlorengegangen ist und nur noch Gleichgültigkeit oder gar Ablehnung und Wut für den anderen übrig geblieben sind, ist der Gedanke an ein Ende mit Schrecken der naheliegende. Doch manche Menschen scheuen sich davor, weil sie ahnen, dass sie mit einer Trennung nicht nur den Partner verlieren, sondern mehr. Der Freundeskreis leidet darunter. Schließlich wird das gesamte soziale Netz in Mitleidenschaft gezogen, wenn sich ein Paar auflöst. Dieser Prozess ist kaum zu verhindern, auch wenn die Paare ihre Freunde und Bekannten nicht zu der Wahl zwingen, sich für den einen oder anderen zu entscheiden. Durchschnittlich gehen die Beziehungen zu acht Freunden in die Brüche, wenn mit dem ehemaligen Liebespartner Schluss ist, das jedenfalls hat eine Meinungsumfrage unter 2000 geschiedenen Männern und Frauen in Großbritannien ergeben. Bei zehn Prozent der Getrennten oder Geschiedenen passierte es sogar, dass ehemalige Freunde zu beiden den Kontakt abbrachen, weil sie sich trotz Drängen der Streithähne nicht für eine der beiden Seiten entscheiden wollten und die ewige Bitte um Parteinahme satthatten oder einfach das immer gleiche Jammern über den Ex-Partner nicht mehr ertragen konnten.
Das sind die Querschläger und Kollateralschäden, die es in

nahezu jedem Kampf gibt, wenn sich ehemals liebende Partner trennen. In Umfragen hat sich zudem gezeigt, dass von den acht Freunden und Bekannten, die bei einer Trennung verlorengehen, drei Freunde durch den Ex-Partner kennengelernt wurden, und weitere drei Freunde, die man gemeinsam während der Partnerschaft gefunden hatte. Um den Bruch der Freundschaften zu verhindern, gaben immerhin 27 Prozent der Befragten zu, schon einmal länger eine Beziehung aufrechterhalten zu haben, als sie eigentlich wollten.

Dass sie versucht haben, ihre Freunde während der Zeit der Trennung zu beeinflussen und auf ihre Seite zu ziehen, bedauerten 31 Prozent der Befragten, als sie sich im Nachhinein darüber klar wurden, welche Folgen dies für ihre Freundschaften hatte.

Beziehungspflege – von wegen Kleinigkeiten!

Seien Sie für Ihren Partner da

Wer sich von seinem Mann oder seiner Frau in der Partnerschaft unterstützt und aufgehoben fühlt, ist glücklicher. Gefühle der Unsicherheit und mangelnden Unterstützung gehen hingegen zumeist damit einher, dass sich beide Partner in der Beziehung weniger zufrieden fühlen, auch wenn solche Verbindungen ja erstaunlich haltbar sein können. Sicherheit und Geborgenheit sind ebenfalls »Schutzfaktoren« für eine lange Beziehung und können dazu beitragen, dass die eigene Partnerschaft nicht bei jeder kleinen Krise als bedroht angesehen wird. Sie geben zudem Stabilität, und mit dem gelassenen Wissen um eine feste Bindung ist auch eine genauere Wahrnehmung des Partners möglich. Denn die damit einhergehende Energie, sich ständig zu fragen, ob man vom anderen noch geliebt wird und die Beziehung auch weiterhin halten wird, kann man sich sparen. Die genauere Wahrnehmung funktioniert zusätzlich als positive Verstärkung: Wer den anderen besser gewahr wird, kann auch angemessener auf ihn eingehen, und dies stabilisiert die Bindung zwischen zwei Menschen weiter. Zeitgenossen mit solchen Fähigkeiten findet man allerdings nur selten – oder sie sind bereits vergeben.

Respektieren Sie die verschiedenen Phasen der Liebe

Dauerhafte Beziehungen machen unterschiedliche Stadien durch. Die Leidenschaft der ersten Wochen und Monate ist überwältigend und großartig – sie kann aber nicht die ganze Ehe über anhalten. Wer das erwartet und ständig dem verlorenen Feuer der ersten Zeit nachtrauert, wird kaum auf Dauer eine gelungene Beziehung hinbekommen, weil er die Partnerschaft überfordert.

Die mittleren Jahre – Beziehungsforscher geben hierfür meist die Zeit zwischen dem ersten und dem fünften Jahr an – können für eine Partnerschaft besonders belastend sein. Dann ist noch immer die Sehnsucht nach dem Feuer des Anfangs da, die aber nicht mehr gestillt werden kann. Den Zustand des dauerhaft romantisch gebundenen Paares, das sich innig mag und viele freundschaftliche Anteile in der Beziehung vereint, haben sie aber auch noch nicht erreicht. Diese Phase tritt oft erst nach sechs, acht oder zehn Jahren ein und verheißt neue Stabilität. Leider halten viele Paare nicht so lange durch.

Wenn sich beide Partner bewusst sind, dass ihre Beziehung nicht nur Höhen und Tiefen durchmachen und das Begehren nachlassen wird, sondern dass ihre Ehe auch aus verschiedenen Stadien besteht, sind sie langfristig umso glücklicher. Schließlich haben sie dann keine unrealistischen Erwartungen mehr hinsichtlich der Leidenschaft füreinander.

Stellen Sie Ihre Liebe nicht ständig in Frage

> Heirate oder heirate nicht.
> Du wirst beides bereuen.
>
> *Sokrates*

Sie liebt mich, sie liebt mich nicht. Sie liebt mich, sie liebt mich nicht. Sie liebt mich … Was als ebenso quälende wie geheime Frage oft am Anfang steht, wenn das Liebesbündnis noch gar nicht geschlossen ist und man nicht weiß, ob die Angebetete oder der Umschwärmte die eigenen Gefühle überhaupt erwidert, beschäftigt auch viele Menschen, die sich ihrer Liebe eigentlich sicher sein könnten und schon lange in stabilen Partnerschaften leben.

Die süße Sorge um das Selbst und ein unaufhaltsamer Vorsorgewahn führen dazu, dass die Vorbeugung auch die Liebe erfasst hat. Dabei ist Liebe wie Gesundheit und Glück vor allem ein Zustand der Selbstvergessenheit.[128] Er ereignet sich, ist einfach da, passiert. Wird er ständig hinterfragt, ist er weg. Entspannend ist das nicht. Frage ich mich ständig, ob ich glücklich bin, bin ich es zumeist schon nicht mehr. Frage ich mich ständig, ob ich noch verliebt bin, bin ich es zumeist auch schon nicht mehr, und der Keim des Zweifels ist gesät. Eine derartige Skepsis muss zwar nicht gleich die ganze Beziehung in Frage stellen, beschweren oder gar zermürben kann sie die Partnerschaft allerdings schon.

Und wer sich permanent nicht sicher ist, ob nicht ein anderer geschätzter Mensch der bessere Begleiter durchs Leben gewesen wäre, wird womöglich beide verlieren – den aktuellen Partner wie den zwischendurch immer wieder ersehnten.

Lässt man sich weder auf den einen noch den anderen richtig ein, droht emotionales Verhungern – ganz ähnlich wie Buridans Esel aus dem gleichnamigen Gleichnis buchstäblich vor lauter Unentschlossenheit verhungerte. Das Grautier stand gleich weit entfernt zwischen zwei Heuhaufen, die beide gleich groß und attraktiv waren. Der Esel konnte sich so lange nicht entscheiden, bis er entkräftet niedersank.

Großzügig gegenüber kleinen Macken sein

Liebende sind nicht wirklich blind: Sie sehen durchaus die Cellulitis, die Warzen und das Schielen des anderen; das Merkwürdige ist nur, dass sie sich nicht nur nicht daran stören, sondern es vielleicht sogar bezaubernd finden.

Simon Blackburn

Es sind die Klassiker in jeder Beziehungskomödie – und oft auch im richtigen Leben: die am falschen Ende ausgedrückte Zahnpasta. Die überall in der Wohnung verstreut liegen gelassenen Socken oder Hemden. Das Chaos in der Küche nach jedem Kochversuch. Die Vergesslichkeit, das ständige In-den-Haaren-Herumpulen oder das vorlaute Dazwischenplatzen mitten im Gespräch. In einer Partnerschaft hat jeder ein dem anderen wohlbekanntes Arsenal, mit dem er dem anderen das Leben zur Hölle machen kann. Wenn man sich darüber nur genug aufregt, kann man sich auf diese Weise zuverlässig das Leben und die Liebe vermiesen. Es dauert vielleicht ein wenig, aber es funktioniert.

Diese Trivialitäten des Alltags können zwar jede Liebesbeziehung zermürben – allerdings nur, wenn man ihnen genügend Raum gibt und sich ständig darüber aufregt und debattiert. Doch statt sich über diese unwichtigen Details zu ärgern, sollten Sie sich lieber auf das große Ganze, auf Ihre Beziehung konzentrieren – nein, das Leben besteht eben NICHT aus Kleinigkeiten, sondern aus einem großen Topf voller Zuneigung, der beide hat einmal zusammenkommen lassen. Wer sich daran erinnert und ein bisschen Gelassenheit probt, tut sich und der Beziehung garantiert etwas Gutes.[129] So kann man sich beispielsweise darüber freuen, dass das Badezimmer geputzt worden ist, statt darüber zu nörgeln, dass der falsche Wischlappen benutzt wurde. Oder dass immerhin neue Zahnpasta besorgt wurde – auch wenn sie wieder am falschen Ende zuerst ausgedrückt wurde.

Bewahren Sie Ihre Freundschaft in der Beziehung

Es klingt ein bisschen altbacken und wenig sexy: Um die romantische Liebe aufrechtzuerhalten, sollten Sie sich die Zeit nehmen, mit Ihrem Mann oder Ihrer Frau *befreundet* zu sein. Es geht nicht nur um knisternde Erotik und aufregende Abenteuer, sondern eben auch um die Mühen im Alltäglichen und stärkende, gemeinsame Erfahrungen, wie sie für Freundschaften typisch sind.

Lernen Sie gemeinsam etwas Neues, vielleicht eine Sportart, Gartenpflege oder wie man Sushi zubereitet. Verbringen Sie einen Abenteuerurlaub zusammen. Lesen Sie ein Buch miteinander und reden Sie darüber. Machen Sie es sich zur Gewohnheit, Ihrem Partner einen Gefallen zu tun und ihm das zu geben, was er braucht und gernhat. Am Anfang mag das ungewohnt erscheinen, bald wird es zum unverzichtbaren Ritual.

»Paare sollten sich für die Liebe anstrengen«, sagt die Paarforscherin Bianca Acevedo. »Und für Paare, die schon lange zusammen sind und die ihre romantische Ader wiederentdecken wollen, gilt, dass sie dieses Ziel erreichen können, auch wenn es – wie die meisten schönen Dinge im Leben – einiges an Hingabe und Energie erfordert.«

Suchen Sie das kleine wie das große Glück miteinander

Dass Glück und Zufriedenheit gesund sind, hat man sich denken können. Es wurde mittlerweile in zahlreichen Untersuchungen bestätigt. Seit wenigen Jahren untersuchen Forscher allerdings genauer, wie sehr Mann und Frau von einer positiven Stimmung profitieren: Demnach leben glückliche Menschen um 14 Prozent länger als jene, die sich als unglücklich bezeichnen. Andere Studien berechneten die gewonnenen Lebensjahre konkret und vermuteten, dass glückliche Menschen siebeneinhalb bis zehn Jahre älter werden als unglückliche Zeitgenossen.[130] Zudem sind glücklichere Menschen weniger oft in Unfälle verwickelt und begehen – naheliegend – seltener Suizid. Auch wenn diese Befunde ebenso für Singles gelten, liegt der Quell für Glück und Zufriedenheit in den meisten Fällen in der Verbundenheit mit anderen Menschen. Genauer: in einer befriedigenden Paarbeziehung mit gemeinsamen Erlebnissen, die wie eine nährende Essenz die Bindung verstärken.

Eine 2011 erschienene Auswertung von 160 Fachartikeln kam zu dem Ergebnis, dass es »klare und überzeugende Beweise« dafür gibt, dass glückliche Menschen länger und gesünder leben.[131] »Ich war fast schockiert und überrascht, wie einheitlich die Ergebnisse sind«, sagt der Psychologe Ed Diener, der die Daten damals ausgewertet hat. »Gesundheitsempfehlungen konzentrieren sich immer nur darauf, gesund zu essen, das Gewicht zu halten, Sport zu treiben und nicht zu rauchen – vielleicht sollte man hinzufügen: Seid glücklich und vermeidet chronischen Ärger.« Kann es einen besseren Rat an Paare geben?

Wer feindselig anderen gegenüber eingestellt ist, besonders ehrgeizig und aggressiv und immer nur um seinen eigenen Vorteil bedacht ist, tut sich hingegen bekanntermaßen nichts Gutes. Eine Untersuchung an mehr als 5600 Sarden ergab, dass bei denjenigen, die sich negativ und unangenehm im Umgang zeigten, die Wände der Halsschlagadern stärker verdickt waren.[132] Diejenigen Inselbewohner, die oft aufbrausend und ärgerlich reagierten, erleiden wahrscheinlich früher einen Herzinfarkt oder einen Schlaganfall, denn die Wanddicke der Halsschlagader zeigt das Risiko für diese Herz-Kreislauf-Gefahren an.

Die Beweise werden immer eindeutiger, dass Unglück, Unzufriedenheit und Aggressionen das Leben verkürzen können – und oftmals hängen diese Gefühle mit empfindlichen

Störungen der Partnerschaft zusammen. In dem Monat nach dem Tod ihrer Frau sterben mehr als doppelt so viele Männer, wie sonst im gleichen Alter üblich wären.[133] Bei Frauen ist die Sterblichkeit in den Monaten nach dem Tod ihres Partners sogar verdreifacht. Vor diesen persönlichen Schicksalsschlägen ist niemand gefeit. Wie man mit anderen umgeht und in die Welt blickt, hat man hingegen selbst in der Hand.

Freuen Sie sich über Ihre Kinder

Auch wenn sie manchmal furchtbar anstrengend sind und nerven: Familienmitglieder schmutzen zwar, aber sie halten gesund. Längst ist ja erwiesen, dass verheiratete Menschen länger leben und gesünder bleiben als Singles. Dies gilt für Männer wie Frauen, und diese Statistik wird nicht mal dadurch getrübt, dass es etliche Familien gibt, die sich gegenseitig zerfleischen und alles andere als guttun. Offenbar wirkt es sich positiv auf Herz, Gefäße und andere Organe aus, miteinander Freud und Leid zu teilen.

Der gesundheitliche Nutzen ist dabei anscheinend nicht nur auf das tägliche Miteinander zurückzuführen. Gesellschaft und sozialer Austausch allein reichen nicht. Denn jüngeren Untersuchungen zufolge ist der gesundheitliche Zustand von Paaren mit Kindern besser als der von Paaren ohne Kinder.[134] Psychologen aus Utah haben bei 100 verheirateten Paaren den Blutdruck gemessen. Diejenigen, die Kinder hatten, wiesen einen geringeren Blutdruck auf als jene, die keinen Nachwuchs hatten. Besonders ausgeprägt war der Unterschied zwischen den untersuchten Frauen. Das Blut der Mütter floss in weitaus ruhigeren Bahnen als das jener Frauen, die zwar verheiratet waren, aber keine Kinder hatten. Natürlich spielt die Qualität der Ehe eine große Rolle dafür, ob das Miteinander nicht nur als befriedigend empfunden wird, sondern auch gesund ist. Paare, die ihre Ehe als glücklich und bereichernd beschreiben, haben günstigere Blutdruckwerte und eine niedrigere Konzentration an Stresshormonen.[135] Ein großer Freundeskreis und ein gutes soziales Netzwerk können da nicht mithalten und die negativen Effekte auf die Gesundheit aufwiegen, wenn man unglücklich verheiratet oder Single ist.

Vergessen Sie die traute Zweisamkeit

Der Rechtsstreit mit den Nachbarn um den Grenzabstand der Garagen zieht sich hin. Die Kollegen im Büro haben keine Lust, mittags mit in die Kantine zu gehen. Frau und Kinder sind sauer. Verwandte waren schon lange nicht mehr zu Besuch, und für Freundschaften bleibt sowieso keine Zeit mehr. So könnte man sich den Alltag eines missmutigen Zeitgenossen vorstellen, der seine Lebenszeit mit diesen Charaktereigenschaften wahrscheinlich drastisch verkürzt. Nicht etwa weil er raucht, trinkt, übermäßig isst und sich nicht bewegt, sondern weil ihm der soziale und psychische Rückhalt von Freunden und Verwandten fehlt. Im Gegensatz dazu leben Menschen mit intakter Familie, netten Kollegen und großem Freundeskreis länger und gesünder.[136]

»Dass karge soziale Beziehungen zum frühen Tod führen können, ist weder bei Gesundheitsbehörden noch in der Öffentlichkeit ausreichend bekannt«, sagt Julianne Holt-Lunstad von der Brigham Young Universität in Utah. Die Wissenschaftlerin und ihr Team haben Daten aus 148 Studien mit insgesamt mehr als 308 000 Menschen ausgewertet. Dabei zeigte sich, dass die Wahrscheinlichkeit, alt zu werden, um etwa 50 Prozent erhöht ist, wenn man in Beruf, Familie und Freizeit von freundlichen Menschen umgeben ist – und etwas dafür tut, dass die Menschen freundlich zu einem sind.

Gerade Paare sollten darauf achten, dass sie einzeln wie gemeinsam ihre Freundschaften pflegen und sich nicht nur auf sich selbst oder ihre traute Zweisamkeit zurückziehen. Ein Netzwerk aus guten Bekannten und Freunden ist nicht nur unterhaltsam und turbulent, sondern auch gesund und Balsam für eine dauerhafte Partnerschaft.

Fehlt die soziale Interaktion oder ist sie sehr gering ausgeprägt, hat das hingegen negative Auswirkungen auf Körper und Geist, die so stark sind, dass sie sich durchaus mit den bekannten körperlichen Risikofaktoren vergleichen lassen: Die Gesundheitsgefahren durch mangelnden psychosozialen Austausch sind ähnlich groß wie beim chronischen Konsum von 15 Zigaretten täglich oder wie bei einem Alkoholiker.

Wer keine Freunde und keine wohlwollenden Verwandten hat, ist daher stärker von Infarkt, Schlaganfall und anderen Leiden bedroht als Menschen, die keinerlei Sport treiben. Gegenüber den Risiken durch Übergewicht ist die Bedrohung, die ein fehlendes soziales Netzwerk mit sich bringt, sogar um das Doppelte erhöht. »Diese Befunde beziehen sich keineswegs nur auf ältere Leute«, sagt der Psychologe

Timothy Smith, der den Zusammenhang erforscht hat. »Gute Beziehungen und Freundschaften schützen in allen Altersgruppen.« Wissenschaftler haben schon häufiger beobachtet, dass Freunde und Familie sich positiv auf die Gesundheit auswirken. Für Familien und besonders für Ehepartner gilt dies aber nur, wenn die Harmonie überwiegt und sich die Beteiligten nicht gegenseitig zerfleischen. Wie genau starker sozialer Rückhalt gesund macht, ist allerdings noch unklar. »Wenn jemand mit einer Gruppe verbunden ist und sich für andere verantwortlich fühlt, überträgt sich das wohl auch auf den Umgang mit sich selbst«, sagt Holt-Lunstad. »Man passt dann besser auf sich auf, lebt gesundheitsbewusster und geht weniger Risiken ein.« Gleichzeitig sind die körpereigenen Stresshormone vermindert und setzen den Körper nicht ständig unter Feuer.

Vorsicht – Einsamkeit ist ansteckend

Soziale Beziehungen sind »infektiös«. Die positiven Folgen erfreulicher Bindungen können sich wie eine ansteckende Krankheit ausbreiten, und Zufriedenheit und Gesundheit strahlen dann auch bald auf die nächste Umgebung ab.[137] Zu diesem überraschenden Ergebnis kamen Forscher, die in einer amerikanischen Kleinstadt nachzeichneten, wie sich Freundschaften kreuz und quer durch den Ort entwickelten und sich das Befinden der Beteiligten entlang dieser Verbreitungswege spürbar verbesserte. »Wer von zufriedenen Menschen umgeben ist, dem wird es in Zukunft wahrscheinlich noch bessergehen«, sagt der Gesundheitswissenschaftler Nicholas Christakis, der an der Studie beteiligt war.

Die umgekehrte Schlussfolgerung gilt leider auch: Eine weitere große Studie an britischen Beamten hat gezeigt, dass isolierte, unzufriedene Menschen eher krank werden und früher sterben. Und auch hier gibt es Ansteckungswege, ähnlich wie bei einer Infektion: Einsamkeit verbreitet sich wie eine Erkältung und kann dazu führen, dass noch mehr Menschen einsam werden.[138] Besonders an den »Rändern« von großen Bekannten- und Verwandtenkreisen überträgt sich das Phänomen: Einsame Menschen erzählen ihren wenigen verbliebenen Freunden von ihrer Einsamkeit. Diese werden daraufhin noch einsamer und verlieren, weil niemand mehr den Klagen über die Einsamkeit zuhören will, ihre letzten Freunde und sozialen Bindungen. »Diese Effekte verstärken sich an allen Ecken und Enden unserer sozialen Gefüge«, sagt der Psychologe John Cacioppo. »Das setzt sich fort wie bei einem Pullover, bei dem sich ein Faden löst und der dann immer weiter ausfranst.«

Frauen sind besonders gefährdet, sich »anzustecken«, denn sie sind stärker als Männer von emotionaler Unterstützung abhängig. Als die Forscher die Beziehungen und sozialen Bindungen der Kleinstadt genauer unter die Lupe nahmen, konnten sie auch nachzeichnen, dass Nachbarn, die weniger Zuwendung bekamen und einsamer wurden, ihrerseits in der Folge wiederum seltener und kürzer Kontakt zu ihren Nachbarn aufnahmen. Binnen kurzem verbrachten ehemalige Bekannte, aber auch Verwandte plötzlich erheblich weniger Zeit miteinander.

Diese Befunde gelten nicht nur für die Nachbarschaft, sondern ebenso für die Familie und die engsten Verwandten, wenn auch nicht ganz so ausgeprägt. Und sie fordern zum Handeln auf: Wer von einem freundlichen Ehepartner und munteren Kindern umgeben ist und versucht, sich gegenseitig eine Freude zu machen und freundlich zu sein, anstatt sich schon beim Frühstück anzublöken und den anderen nur mit Vorwürfen einzudecken, wird nicht nur mehr Spaß und Lebenslust erfahren, sondern auch länger und gesünder leben.

Beziehungsforscher plädieren aus diesem Grund dafür, den Mangel an erfreulichen Beziehungen endlich ernster zu nehmen und in die Liste der großen Gesundheitsgefahren und Risikofaktoren aufzunehmen. Es gehe nicht nur um Ernährung, Bewegung und Gewichtskontrolle, sondern mindestens so wichtig für das Wohlergehen sind Familie und Freunde.

»Wir Menschen halten Beziehungen untereinander für selbstverständlich und gleichen damit dem Fisch, der das Wasser nicht bemerkt«, sagt der Psychologe Timothy Smith. »Dabei tut uns regelmäßige Interaktion nicht nur psychologisch und für unsere Beziehungen gut, sie fördert auch unser physisches Wohlbefinden.«

Füreinander da sein ist die beste Medizin

Gute Freunde kann niemand trennen, gute Freunde sind nie allein.

Franz Beckenbauer

Wie immer hatte der Fußballkaiser recht, das galt schon in den siebziger Jahren. Die Begründung lieferte er in seinem Schlager gleich mit:»Weil sie eines im Leben können/Füreinander da zu sein.« Wie hilfreich gute Freunde sind, wenn es nicht nur darum geht, sich Werkzeug auszuleihen, hat die Wissenschaft längst erkannt. Richtig gute Freunde können unter Umständen sogar besser für die Gesundheit sein als so mancher herumzickende Ehepartner oder andere nervige Mitglieder der eigenen Sippe. Mit Freunden gibt es schließlich selten Stress, und man muss sie an Familienfesten nicht anschweigen.

Wer sich von seinen Freunden verstanden und bei ihnen aufgehoben fühlt, schont Herz und Gefäße, stärkt seine Abwehr und ist weniger anfällig für Krankheiten. Wie stark diese Wirkung ist, haben Untersuchungen von Menschen ergeben, die keine Freunde haben und einsam durchs Leben gehen. Sie erleiden früher einen Herzinfarkt, haben ein schwächeres Immunsystem, bekommen mehr Infektionen und erkranken häufiger an Depressionen. Das alles verkürzt die Lebenserwartung so stark, dass Wissenschaftler 2009 sogar zu dem Schluss gelangten, dass einsame Menschen ein ebenso großes Risiko haben, früh zu sterben, wie starke Raucher. Die genauen Mechanismen werden erst langsam entschlüsselt. Bei Menschen ohne Freunde ist der Gefäßwiderstand größer – das verhärtet die Arterienwände und erhöht den

Blutdruck. Einsamkeit scheint sich zudem auf den Körper auszuwirken wie eine chronische Belastung – Stressmoleküle wie Cortisol und Noradrenalin sind im Speichel und Urin von Menschen mit wenigen Bindungen erhöht.[139] Aus evolutionärer Sicht mag das sinnvoll erscheinen: Wer allein war, konnte sich beim Kampf mit Feinden nicht auf die Unterstützung der Gruppe verlassen und musste umso angespannter und aufmerksamer sein.

Wer einsam seine Kreise zieht, schläft neueren Untersuchungen zufolge schlechter, erholt sich nicht so gut und empfindet Freizeitvergnügen als weniger befriedigend. Sogar das Immunsystem gerät aus der Bahn: Signalmoleküle, die Entzündungen fördern, finden sich vermehrt, während die Aktivität jener Substanzen gedämpft ist, die eine Infektion eindämmen. Auch auf das Alltagsverhalten wirken sich fehlende Freundschaften aus: Wer einsam ist, ernährt sich zumeist ungesünder, trinkt mehr Alkohol und treibt weniger Sport.

Wer viel und gern mit seinen Freunden zusammen ist, profitiert in vielerlei Hinsicht davon, nicht nur gesundheitlich. Nicholas Christakis und James Fowler, Forscher an den Universitäten Harvard und San Diego, haben entdeckt, dass sich positive Gefühle und Gewohnheiten über Freundschaften besonders intensiv ausbreiten. Vermehrte Glücksgefühle sind nicht nur innerhalb einer Familie zu beobachten, sondern erstrecken sich auch »über drei Ecken« – das heißt bis zum Freund eines Freundes. »Wer von vielen zufriedenen und glücklichen Menschen umgeben ist oder im Zentrum eines solchen Netzwerkes steht, wird in Zukunft wahrscheinlich noch glücklicher«, sagen Fowler und Christakis. Die beiden Wissenschaftler sind überzeugt davon, dass ihre

Ergebnisse nicht durch das Motto zu erklären sind: »Gleich und Gleich gesellt sich gern.« »Es liegt nicht daran, dass man sich mit Leuten umgibt, die einem ähnlich sind«, sagt Fowler. »Gute Gefühle sind offenbar ein kollektives Phänomen und breiten sich weiter aus, wenn man mit anderen zusammenkommt.«

Wenn ein befreundeter Mensch glücklich ist, erhöht sich, der US-Analyse zufolge, die Wahrscheinlichkeit der Menschen, die im Umkreis von 1,5 Kilometer leben, um erstaunliche 25 Prozent, ebenfalls glücklich zu werden. Bei direkten Nachbarn ist es sogar um 34 Prozent wahrscheinlicher, dass sie zufriedener werden, wenn sie neben glücklichen Menschen wohnen. Bei Arbeitskollegen wirkt sich das Glück der anderen hingegen nicht aus – sie werden offenbar eher als notwendiges Übel denn als Freunde empfunden.

Zusammen sind wir stark

Das Ganze ist mehr als die Summe seiner Teile. Auf der Grundlage dieser Binsenweisheit versuchen Trainer seit Urzeiten eine Gruppe von Individualisten zu einer Einheit zu formen (»Einer für alle«, »Elf Freunde«). Es gibt zahlreiche Beispiele aus Mannschaftssportarten, in denen das gelungen ist. Dann triumphiert das Kollektiv über eine Ansammlung vermeintlich besserer Einzelkönner. Ähnlich gilt dies auch für die Familie – und für die noch kleinere Einheit: die Paarbeziehung. Wer sich hier unterstützt und hilft, statt sich zu schwächen, kann nur gewinnen.

»Teams können nur dann Synergieeffekte erzielen, wenn sie zu Selbstkritik fähig sind«, sagt Dieter Frey, Sozialpsychologe an der Ludwig-Maximilians-Universität München. Außer der Analyse von Stärken und Schwächen ist gegenseitiges Verständnis füreinander wichtig, gemeinsame Werte und Ziele sowie Vielfalt im Team, wobei Meinungsführer und vermeintliche Eigenbrötler dazu an einem Strang ziehen müssen. Übersetzt auf Paarbeziehungen heißt das: Wenn die egoistischen Interessen hintangestellt werden und gemeinsame Ziele im Vordergrund stehen, gelingen Partnerschaft und Familie besser.

Nun kann man in der Familie und erst recht in der Paarbeziehung schlecht die eigensinnigen Mitglieder aussortieren, wenn es nicht zum Bruch kommen soll: Dass die gegenseitige Unterstützung kurzfristig leistungsfähiger und langfristig gesünder macht, haben aber schon viele Studien gezeigt und könnten Ansporn für zerstrittene Paare sein.»Im Sport führt emotionaler Beistand des Teams dazu, dass Verspannungen seltener sind und Schmerzen geringer ausfallen«, sagt Peter Henningsen, Chefarzt der Klinik für Psychosomatik an der Technischen Universität München. Damit sinkt auch die Verletzungsgefahr. Physiologische Messungen haben zudem ergeben, dass für die gleiche Leistung weniger Anstrengung aufgebracht werden muss, wenn man sich in der Gemeinschaft gut aufgehoben weiß.

Um das richtige Gemeinschaftsgefühl zu erzielen, ist es aber nicht nur wichtig, sich auf ein gemeinsames Ziel einzuschwören, sondern immer auf die Einzelbedürfnisse zu achten und gegebenenfalls für den anderen zurückzustecken.

Das bisschen Haushalt

Egal welche angeblich so moderne Gesellschaft in Europa, Nordamerika oder Asien genauer betrachtet wird – noch immer erledigen die Frauen den Großteil der Hausarbeit, und noch immer übernehmen sie die meiste Verantwortung für die Kinder, für deren Erziehung und Versorgung. Überall auf der Welt ist das so, auch in Ländern mit Frauenbeauftragten, Gleichstellungsbüros und Studiengängen für Gender-Mainstreaming. Männer kochen nicht nur seltener, kaufen weniger ein und putzen höchstens vor hohen Festtagen – sie kümmern sich auch kaum darum, dass die Schulhefte für die Kinder in Ordnung sind oder neue Hosen für den Nachwuchs besorgt werden, wenn die alten zu klein oder zerschlissen sind.

An der klassischen Rollenaufteilung – sie kümmert sich um Kinder und Küche, er ist der vielbeschäftigt Berufstätige außer Haus und schraubt höchstens mal ein paar Glühbirnen ein – ändert sich selbst dann nichts, wenn die Frau zusätzlich zu Hausarbeit und Nachwuchsversorgung noch einem anderen, bezahlten Beruf nachgeht. Dass diese Ungleichheit eine stetige Quelle für Stress für die Frau und Unzufriedenheit in der Beziehung werden kann, liegt auf der Hand.[140] Besonders bedrohlich für die Partnerschaft ist die Situation allerdings dann, wenn die Ungleichheit sowohl in der häuslichen Aufgabenverteilung besonders groß ist als auch die beruflichen Verpflichtungen und der damit verbundene Status als sehr unausgewogen wahrgenommen werden.[141]

Wenn er viel verdient und der gefeierte Denker und Lenker im Büro ist, sie aber das sprichwörtliche Heimchen am Herd bleibt, das ihm ein behagliches Zuhause bereitet, kann die Partnerschaft leicht aus dem Gleichgewicht geraten. Sie kann dann das Gefühl bekommen, ungerechterweise in die unterlegene Rolle gedrängt zu sein.[142] Dieses Empfinden, unfair behandelt zu werden, ist nicht nur ungesund, sondern auch eine Bedrohung für die Beziehung.

Weniger mit Stress verbunden für die Frau und zudem weniger belastend für die Partnerschaft ist es, wenn beide Partner ähnlich erfolgreich und gut verdienend in einem bezahlten Beruf sind – oder die Frau im Job sogar einen höheren sozioökonomischen Status erreicht hat als der Mann.[143] Dann fällt die Diskussion um den Haushalt und die sonstige familiäre Aufgabenverteilung gerechter aus, und die Beziehung hat gute Aussichten, nicht am Streit um den Putzplan, die Müllentsorgung und die Betreuung der Hausaufgaben zu zerbrechen.

Ob sich an der klassischen Rollenaufteilung etwas ändern wird, darf allerdings bezweifelt werden. In einer großen Untersuchung über schwedische Jugendliche zeigte sich, dass dort die Kinder zwar gelegentlich geschlechtsuntypische Aufgaben übernehmen, wenn sie es von ihren Eltern vorgelebt bekommen. So beschäftigen sich Mädchen manchmal mit handwerklichen Reparaturen und helfen im Garten mit – und Jungen in der Küche oder beim Putzen. Insgesamt war das aber selten, es blieb beim klassischen Muster: Die Mädchen verrichteten weitaus mehr Arbeiten rund um den Haushalt als die Jungen.[144]

Schlechte Aussichten sind das für die Gleichberechtigung, denn die Studie stammt aus jenem Land, das weltweit vermutlich am weitesten mit der Gleichberechtigung vorangekommen ist. Mit dem Lob, global führend in Hinblick auf die Geschlechtergerechtigkeit zu sein, wurde Schweden bereits im Jahr 1995 von den Vereinten Nationen ausgezeichnet.

Unterschiede verdrängen

Es gibt kein Land, in dem die Aufgabenverteilung in der Familie rund um Haushalt und Kinder auch nur annähernd ausgewogen ist, auch wenn einzelne Paare es hinbekommen haben, dass der Mann diesen Part übernimmt. Deutschland stellt da keine Ausnahme dar, die Situation wurde in einer Expertise für das Familienministerium 2011 treffend beschrieben:[145]

»Die Arbeitsaufteilung zwischen den Geschlechtern folgt jedoch auch im neuen Jahrtausend weitgehend dem tradierten Modell, nach dem die Frau die Verantwortung für Haushalt und Kinder trägt und der Mann das Geld verdient. Mütter erledigen ca. 3,3 Mal so viel Familien- wie Erwerbsarbeit. Für Männer kommt es bei diesem Verhältnis nicht darauf an, ob sie Kinder haben. Engagiert sich der Vater also in der Kinderbetreuung, bleiben dafür Haushaltstätigkeiten liegen. Dabei übernehmen Männer seltener die Routinetätigkeiten, die den Grundbedarf decken. Frauen erledigen meist Arbeiten im Haus (Putzen, Waschen, Kochen, Einkaufen, Kinder betreuen, Alte pflegen), Männer eher Dinge außerhalb (Reparaturen, Autopflege, Erledigungen).«[146]

Die Aufteilung der häuslichen Arbeit gemäß dem klassischen Rollenbild beginnt selbst bei noch so fortschrittlichen

Paaren in dem Moment, in dem sie Kinder bekommen. Dann wird plötzlich alles anders. Dieser »Traditionalisierungseffekt« setzt auch in jenen Partnerschaften ein, in denen Aufgaben und Verantwortung anfangs noch fair und gleichmäßig verteilt waren.[147] Mit zunehmender Dauer der Beziehung droht fast jedes Paar in konventionelle Muster abzugleiten: Nach 14 Ehejahren sind fast 85 Prozent der Paare so organisiert, dass sie den Löwenanteil in Haushalt und Kindererziehung übernimmt und er sich höchstens noch um ein paar handwerkliche Aufgaben kümmert.

Am treffendsten hat wahrscheinlich die Journalistin Iris Radisch 2006 in der *Zeit* beschrieben, vor welchen Herausforderungen Frauen mit Kindern stehen: »Die angepriesene Vereinbarkeit von Beruf und Kindern ist eine Schimäre. Da gibt es nämlich nichts zu vereinbaren. Da gibt es nur etwas zu addieren. Und zwar Arbeit plus Arbeit.« Und die Lösung dieser Additionsaufgabe bleibt meistens an den Frauen hängen. Das Verwunderliche aber ist, dass die ungleiche Aufgabenverteilung trotzdem oft als fair und gerecht angesehen wird – nicht nur von Männern, sondern gerade auch von den Frauen selbst.[148]

Es ist unklar, ob und wie viele Frauen diese alltägliche Ungerechtigkeit verdrängen oder bereits eine höhere Form der Weisheit erlangt haben, die sie akzeptieren lässt, was sich gesellschaftlich so schnell wohl nicht ändern wird – und im Zusammenleben mit ihrem Partner womöglich nie. Ob aus Einsicht oder Frustration: Die Frauen, die über diese chronische Ungleichheit der Aufgabenverteilung großzügig hinwegsehen, tun sich und ihrer Partnerschaft zumindest kurzfristig etwas Gutes.

Sie selbst bleiben – quasi als Nebenwirkung – gesünder und erleiden weniger Stress. Konflikte in der Beziehung werden vermieden, was zunächst zwar angenehm sein mag, aber die Partnerschaft langfristig auch nicht retten kann, wenn die Ungerechtigkeit als zu groß empfunden wird.

Warnsignale, die jede Beziehung bedrohen

Es gibt typische Äußerungen und Verhaltensweisen, bei denen alle Lampen rot aufleuchten und die Beziehung akut bedroht ist. Ein paar Vorschläge finden Sie unten. Wenn Sie Ihre eigenen Fallen und Fettnäpfchen gut kennen, machen Sie sich den Spaß und ergänzen Sie gemeinsam mit Ihrem Partner die Macken und Bemerkungen, die Sie gegenseitig auf die Palme bringen – und versuchen Sie dann, sie in Zukunft zu vermeiden.

Warnungen für ihn:

Sie fragt dich ständig: »Was denkst du gerade?«

Sie sagt: »Du könntest ja auch mal von allein auf die Idee kommen.«

Sie will so lange im Auto mit dir diskutieren, bis die Scheiben blickdicht beschlagen sind.

Sie betont immer dann, wenn du gerade deine Freiheit haben willst, dass sie alles für dich tun würde.

Sie verdreht nur die Augen, wenn du von deinen Erlebnissen bei der Arbeit erzählst.

Sie erkennt nicht, wenn du nichts als deine Ruhe haben willst.

Sie führt beim Tanzen.

Sie wird nicht mehr wütend, wenn du etwas getan hast, was sie normalerweise ärgert.

Warnungen für sie:

Er unterbricht dich immer und bevormundet dich.
Er hört nicht zu und fragt das, was du gerade gesagt hast.
Er sagt:»Das verstehst du sowieso nicht.«
Er spürt nicht, wenn du das Gefühl hast, dass er sich mehr um dich kümmern sollte.
Er sagt bei jedem Streit:»Du bist genauso wie deine Mutter.«
Er mäkelt ständig an deinem Fahrstil herum.
Er verwechselt deinen Namen.
Er kann sich nicht merken, wie deine Familienangehörigen heißen.
Er sagt schon am Anfang der Beziehung:»Es ist mir wichtig, dass du genug Zeit für dich hast.«

Anmerkungen

Den passenden Partner finden

1   Berkic J, Quehenberger J: Bindungsspezifische Mechanismen der Emotionsregulation bei Langzeitehepaaren. In: Brisch KH (Hg.): Bindungen – Paare, Sexualität und Kinder. Stuttgart 2012, S. 36–60

2   Berkic J: Bindung und Partnerschaft bei Langzeit-Ehepaaren. Berlin 2006

3   Pawlowski B, Dunbar RI, Lipowicz A: Tall men have more reproductive success. Nature 2000;13:156

4   Nettle D: Women's height, reproductive success and the evolution of sexual dimorphism in modern humans. Proceedings of the Royal Society of London in Biological Sciences 2002;269:1919

5   Ozaltin E, Hill K, Subramanian SV: Association of maternal stature with offspring mortality, underweight, and stunting in low- to middle-income countries. JAMA 2010;303:1507

6   Buunk AP, Park JH, Zurriaga R, Klavina L, Massar K: Height predicts jealousy differently for men and women. Evol Hum Behav 2008;29:133

7   Guéguen N: »Say it … near the flower shop«: Further evidence of the effect of flowers on mating. J Soc Psychol 2012;152:529

8   In den fruchtbaren Tagen vor dem Eisprung rücken Frauen ebenfalls bereitwilliger ihre Telefonnummer heraus als zu anderen Phasen des Zyklus oder als es Frauen tun, die die Pille nehmen: Guéguen N: The receptivity of women to courtship solicitation across the menstrual cycle: A field experiment. Biol Psychol 2009;80:321

9   Clark RD, Hatfield E: Gender differences in receptivity to sexual offers. J Psychol and Hum Sexuality 1989;2:39

10 Conley TD: Perceived proposer personality characteristics and gender differences in acceptance of casual sex offers. J Pers Soc Psychol 2011;100:309

11   Schützwohl A, Fuchs A, McKibbin WF, Shackelford TK: How willing are you to accept sexual requests from slightly unattractive to exceptionally attractive imagined requestors? Human Nature 2009;20:282

12   Van der Meij L, Buunk AP, Salvador A: Contact with attractive women affects the release of cortisol in men. Horm Behav 2010;58:501

13   Grammer K, Fink B, Neave N: Human pheromones and sexual attraction. European Journal of Obstetrics & Gynecology and Reproductive Biology 2005;118:135

14   Bakker J: Sexual differentiation of the neuroendocrine mechanisms regulating mate recognition in mammals. Journal of Neuroendocrinology 2003;15:615
     Portillo W, Paredes RG: Sexual and olfactory preference in noncopulating male rats. Physiology and Behaviour 2003;80:155

15   Confer JC, Perilloux C, Buss DM: More than just a pretty face: Men's priority shifts toward bodily attractiveness in short-term versus long-term mating contexts. Evolution and Human Behavior 2010;31:348

16   Fink B, Grammer K, Matts PJ: Visible skin color distribution plays a role in the perception of age, attractiveness, and health in female faces. Evolution and Human Behavior 2006;27:433

17   Abramov I, Gordon J, Feldman O, Chavarga A: Sex & vision I: Spatio-temporal resolution. Biol Sex Differ 2012;3:20

18   Grammer K, Kruck K, Juette A, Fink B: Non-verbal behavior as courtship signals: The role of control and choice in selecting partners. Evolution & Human Behavior 2000;21:371

19   Renninger LA, Wade TJ, Grammer K: Getting that female glance: Patterns and consequences of male nonverbal behavior in courtship contexts. Evolution and Human Behavior 2004;25:416

20   Guéguen N: Gait and menstrual cycle: Ovulating women use sexier gaits and walk slowly ahead of men. Gait Posture 2012;35:621

21   Smith EO, Helms WS: Natural selection and high heels. Foot Ankle Int 1999;20:55

22   Csapo R, Maganaris CN, Seynnes OR, Narici MV: On muscle, tendon and high heels. J Exp Biol 2010;213:2582

23   Guéguen N, Jacob C: Clothing color and tipping: Gentlemen Pa-
     trons give more tips to waitresses with red clothes. Journal of Hos-
     pitality and Tourism Research 2012, online
24   Niesta Kayser D, Elliot AJ, Feltman R: Red and romantic behavior
     in men viewing women. European Journal of Social Psychology
     2010;40:901
25   Guéguen N: Color and women hitchhikers' attractiveness: Gentle-
     men drivers prefer red. Color Research and Application 2012;37:76
26   Lynn M: Determinants and consequences of female attractiveness
     and sexiness: Realistic tests with restaurant waitresses. Arch Sex
     Behav 2009;38:737
27   Re DE, Whitehead RD, Xiao D, Perrett DI: Oxygenated-blood co-
     lour change thresholds for perceived facial redness, health, and at-
     tractiveness. PLoS One 2011;6:e17859
28   Hill RA, Barton RA: Psychology: Red enhances human perfor-
     mance in contests. Nature 2005;435:293
29   Stephen ID, McKeegan AM: Lip colour affects perceived sex typi-
     cality and attractiveness of human faces. Perception 2010;39:1104

Vom richtigen Zeitpunkt

30   Glenn ND, Uecker JE, Love Jr RWB: Later first marriage and ma-
     rital success. Social Science Research 2010;39:787
31   Johnston VS, Hagel R, Franklin M, Fink B, Grammer K: Male fa-
     cial attractiveness: Evidence for hormone-mediated adaptive de-
     sign. Evolution and Human Behavior 2001;22:251
32   Roberts SC, Klapilova K, Little AC, Burriss RP, Jones BC, De-
     Bruine LM, Petrie M, Havlicek J: Relationship satisfaction and
     outcome in women who meet their partner while using oral con-
     traception. Proceedings of the Royal Society of London B 2012;
     279:1430
33   Cobey KD, Buunk AP, Roberts SC, Klipping C, Appels N, Zimmer-
     man Y, Bennink HJTC, Pollet TV: Reported jealousy differs as a
     function of menstrual cycle stage and contraceptive pill use: A

within-subjects investigation. Evolution and Human Behaviour 2012;33:395

34   Alvergne A, Lummaa V: Does the contraceptive pill alter mate choice in humans? Trends Ecol Evol 2010;25:171

35   Jung an Jahren zu heiraten scheint der Dauer der Beziehung gutzu-tun, siehe: Glenn ND, Uecker JE, Love Jr RWB: Later first mar-riage and marital success. Social Science Research 2010;39:787

36   Easton JA, Confer JC, Goetz CD, Buss DM: Reproduction expe-diting: Sexual motivations, fantasies, and the ticking biological clock. Personality and Individual Differences 2010;49:516

Let's talk about Sex

37   Dzara K: Assessing the effect of marital sexuality on marital disrup-tion. Social Science Research 2010;39:715

38   Paik A: »Hookups«, dating, and relationship quality: Does the type of sexual involvement matter? Social Science Research 2010;39: 739

39   Pidd H, Oltermann P, Harding L: At-a-glance guide to Germany: Sausages, sexual confidence and surprisingly good hip-hop. *The Guardian,* 14. März 2011

40   Dobson R: Women who drink wine get pregnant more quickly. BMJ 2003;327:468

41   Juhl M, Olsen J, Andersen AM, Gronbaek M: Intake of wine, beer, spirits and waiting time to pregnancy. Human Reproduction 2003; 18:1967

42   Kiecolt-Glaser JK, Bane C, Glaser R, Malarkey WB: Love, mar-riage, and divorce: Newlyweds' stress hormones foreshadow rela-tionship changes. Journal of Consulting in Clinical Psychology 2003;71:176

43   Gettler LT, McKenna JJ, McDade TW, Agustin SS, Kuzawa CW: Does cosleeping contribute to lower testosterone levels in fathers? Evidence from the Philippines. PLoS One 2012;7:e41559

44   Gettler LT, Agustin SS, Kuzawa CW: Testosterone, physical activi-

ty, and somatic outcomes among Filipino males. Am J Phys Anthropol 2010;142:590

45 Pollet TV, van der Meij L, Cobey KD, Buunk AP: Testosterone levels and their associations with lifetime number of opposite sex partners and remarriage in a large sample of American elderly men and women. Horm Behav 2011;60:72

46 Jellouschek H: Liebe auf Dauer. Was Partnerschaft lebendig hält. Freiburg 2010

47 Lindau ST, Gavrilova N: Sex, health, and years of sexually active life gained due to good health: Evidence from two US population based cross sectional surveys of ageing. BMJ 2010;340:c810
Goodson P: Sexual activity in middle to later life. BMJ 2010; 340:c850

Zeit für Streicheleinheiten

48 Coan JA, Schaefer HS, Davidson RJ: Lending a hand: Social regulation of the neural response to threat. Psychol Sci 2006;17:1032

49 Ditzen B, Neumann ID, Bodenmann G, von Dawans B, Turner RA, Ehlert U, Heinrichs M: Effects of different kinds of couple interaction on cortisol and heart rate responses to stress in women. Psychoneuroendocrinology 2007;32:565

50 Ackerman JM, Nocera CC, Bargh JA: Incidental haptic sensations influence social judgments and decisions. Science 2010;328:1712

51 Williams LE, Bargh JA: Experiencing physical warmth promotes interpersonal warmth. Science 2008;322:606

52 Borg C, de Jong PJ: Feelings of disgust and disgust-induced avoidance weaken following induced sexual arousal in women. PLoS One 2012;7:e44111

53 Stevenson RJ, Case TI, Oaten MJ: Effect of self-reported sexual arousal on responses to sex-related and non-sex-related disgust cues. Arch Sex Behav 2011;40:79

54 Bargh JA, Shalev I: The substitutability of physical and social warmth in daily life. Emotion 2012;12:154

Die Heilkraft der Liebe

55 Tobe SW, Kiss A, Sainsbury S, Jesin M, Geerts R, Baker B: The impact of job strain and marital cohesion on ambulatory blood pressure during 1 year: The double exposure study. Am J Hypertens 2007;20:148

56 Hughes ME, Waite LJ: Marital biography and health at mid-life. J Health Soc Behav 2009;50:344

57 Tobe SW, Kiss A, Sainsbury S, Jesin M, Geerts R, Baker B: The impact of job strain and marital cohesion on ambulatory blood pressure during 1 year: The double exposure study. Am J Hypertens 2007;20:148

58 Younger J, Aron A, Parke S, Chatterjee N, Mackey S: Viewing pictures of a romantic partner reduces experimental pain: Involvement of neural reward systems. PLoS One 2010;13:e13309

59 Medalie JH, Goldbourt U: Angina pectoris among 10,000 men. II. Psychosocial and other risk factors as evidenced by a multivariate analysis of a five year incidence study. Am J Med 1976;60:910

60 Medalie JH, Stange KC, Zyzanski SJ, Goldbourt U: The importance of biopsychosocial factors in the development of duodenal ulcer in a cohort of middle-aged men. Am J Epidemiol 1992;136:1280

61 Reynolds P, Boyd PT, Blacklow RS, Jackson JS, Greenberg RS, Austin DF, Chen VW, Edwards BK: The relationship between social ties and survival among black and white breast cancer patients. National Cancer Institute Black/White Cancer Survival Study Group. Cancer Epidemiol Biomarkers Prev 1994;3:253

62 King KB, Reis HT: Marriage and long-term survival after coronary artery bypass grafting. Health Psychol 2012;31:55

63 Bartens W: Körperglück. Wie gute Gefühle gesund machen. München 2010

64 Levenson RW, Carstensen LL, Gottman JM: Long-term marriage: age, gender, and satisfaction. Psychol Aging 1993;8:301

65 Friedmann E, Thomas SA: Pet ownership, social support, and one-year survival after acute myocardial infarction in the Cardiac Arrhythmia Suppression Trial (CAST). Am J Cardiol 1995;76:1213

Siegel JM: Stressful life events and use of physician services among the elderly: The moderating role of pet ownership. J Pers Soc Psychol 1990;58:1081

Rodin J, Langer EJ: Long-term effects of a control-relevant intervention with the institutionalized aged. J Pers Soc Psychol 1977;35:897

66   Allen K, Blascovich J, Mendes WB: Cardiovascular reactivity and the presence of pets, friends, and spouses: The truth about cats and dogs. Psychosom Med 2002;64:727

67   Bartels A, Zeki S: The neural basis of romantic love. Neuroreport 2000;11:3829

68   Bartels A, Zeki S: The neural correlates of maternal and romantic love. Neuroimage 2004;21:1155

69   Wang Z, Aragona BJ: Neurochemical regulation of pair bonding in male prairie voles. Physiol Behav 2004;83:319

70   Israel S, Lerer E, Shalev I, Uzefovsky F, Riebold M, Laiba E, Bachner-Melman R, Maril A, Bornstein G, Knafo A, Ebstein RP: The oxytocin receptor (OXTR) contributes to prosocial fund allocations in the dictator game and the social value orientations task. PLoS One 2009;4:e5535

71   Pedersen CA: Biological aspects of social bonding and the roots of human violence. Ann N Y Acad Sci 2004;1036:106

72   Ditzen B, Schaer M, Gabriel B, Bodenmann G, Ehlert U, Heinrichs M: Intranasal oxytocin increases positive communication and reduces cortisol levels during couple conflict. Biol Psychiatry 2009;65:728

73   Floyd K, Boren JP, Hannawa AF, Hesse C, McEwan B, Veksler AE: Kissing in marital and cohabiting relationships: Effects on blood lipids, stress, and relationship satisfaction. Western Journal of Communication 2009;73:113

74   Floyd K, Pauley PM, Hesse C: State and trait affectionate communication buffer adults' stress reactions. Communication Monographs 2010;77:618

75   Matsunaga M, Sato S, Isowa T, Tsuboi H, Konagaya T, Kaneko H, Ohira H: Profiling of serum proteins influenced by warm partner contact in healthy couples. Neuro Endocrinol Lett 2009;30:2

76   Ditzen B, Hoppmann C, Klumb P: Positive couple interactions and
      daily cortisol: On the stress-protecting role of intimacy. Psychosom
      Med 2008;70:883
77   Ditzen B, Neumann ID, Bodenmann G, von Dawans B, Turner RA,
      Ehlert U, Heinrichs M: Effects of different kinds of couple interac-
      tion on cortisol and heart rate responses to stress in women. Psycho-
      neuroendocrinology 2007;32:565

Affären, Untreue, Eifersucht

78   Buss DM, Shackelford TK: Susceptibility to infidelity in the first
      year of marriage. Journal of Research in Personality 1997;221:193
79   Schützwohl A, Koch S: Sex differences in jealousy: The recall of
      cues to sexual and emotional infidelity in personally more and less
      threatening context conditions. Evolution and Human Behavior
      2004;25:249
80   Levy KN, Kelly KM: Sex differences in jealousy: A contribution
      from attachment theory. Psychol Sci 2010;21:168
81   Geary DC, DeSoto MC, Hoard MK, Skaggs Sheldon M, Lynne
      Cooper M: Estrogens and relationship jealousy. Human Nature
      2001;12:299
82   Cobey CD, Pollet TV, Roberts SC, Buunk AP: Hormonal birth con-
      trol use and relationship jealousy: Evidence for estrogen dosage
      effects. Personality and individual differences 2011;50:315
83   Barash DP, Lipton JE: The Myth of Monogamy: Fidelity and Infi-
      delity in Animals and People. New York 2001
84   Gomes CM, Boesch C: Wild chimpanzees exchange meat for sex
      on a long-term basis. PLoS One 2009;4:e5116
85   Lim MM, Wang Z, Olazábal DE, Ren X, Terwilliger EF, Young LJ:
      Enhanced partner preference in a promiscuous species by manipu-
      lating the expression of a single gene. Nature 2004;429:754
86   Schützwohl A, Morjaria S, Alvis S: Spatial distance regulates sex-
      specific feelings to suspected sexual and emotional infidelity. Evol
      Psychol 2011;9:417

87   Dahabreh IJ, Paulus JK: Association of episodic physical and sexu-
      al activity with triggering of acute cardiac events: Systematic re-
      view and meta-analysis. JAMA 2011;305:1225
88   Conley TD, Moors AC, Ziegler A, Karathanasis C: Unfaithful indi-
      viduals are less likely to practice safer sex than openly nonmonoga-
      mous individuals. J Sex Med 2012;9:1559

Durchhalten!

89   Gottman JM, Levenson RW: The timing of divorce: Predicting
      when a couple will divorce over a 14-year period. Journal of Mar-
      riage and Family 2000;62:737
      Gottman JM, Levenson RW: A two-factor model for predicting
      when a couple will divorce: Exploratory analyses using 14-year
      longitudinal data. Fam Process 2002;41:83
90   Ball FLJ, Cowan P, Cowan CP: Who's got the power? Gender diffe-
      rences in partners' perceptions of influence during marital problem-
      solving discussions. Family Process 1995;34:303
91   Gottman JM, Levenson RW: Marital and couple relationships: Re-
      bound from marital conflict and divorce prediction. Family Process
      1999;38:287
92   Sobal J, Rauschenbach BS, Frongillo EA: Marital status, fatness
      and obesity. Social Science Medicine 1992;35:915
93   Rauschenbach BS, Sobal J, Frongillo EA: The influence of change
      in marital status on weight change over one year. Obesity Research
      1995;3:319
      Sobal J, Rauschenbach BS, Frongillo EA: Marital status changes
      and body weight change A US longitudinal analysis. Social Sci-
      ence Medicine 2003;56:1543
94   Meltzer AL, McNulty JK, Karney BR: Social support and weight
      maintenance in marriage: The interactive effects of support seeking,
      support provision, and gender. J Fam Psychol 2012;26:678
95   Berkic J: Bindung und Partnerschaft bei Langzeit-Ehepaaren. Ber-
      lin 2006

96 Berkic J, Quehenberger J: Bindungsspezifische Mechanismen der Emotionsregulation bei Langzeitehepaaren. In: Brisch KH (Hg.): Bindungen – Paare, Sexualität und Kinder. Stuttgart 2012, S. 36–60

97 Hasson O: Emotional tears as biological signals. Evolutionary Psychology 2009;7:363

Aufbauhilfe für die stabile Beziehungskiste

98   Lippert T, Prager KJ: Daily experiences of intimacy: A study of couples. Personal Relationships 2001;8:283

99   Webster GD, Brunell AB, Pilkington CJ: Individual differences in men's and women's warmth and disclosure differentially moderate couples' reciprocity in conversational disclosure. Personality and Individual Differences 2009;46:292

100 Kaufman G, Taniguchi H: Gender and marital happiness in later life. Journal of Family Issues 2006;27:735

101 Schmitt M, Kliegel M, Shapiro A: Marital interaction in middle and old age: A predictor of marital satisfaction? Int J Aging Hum Dev 2007;65:283

102 Kiecolt-Glaser JK, Loving TJ, Stowell JR, Malarkey WB, Lemeshow S: Hostile marital interactions, proinflammatory cytokine production, and wound healing. Arch Gen Psychiatry 2005;62:1377

103 Gouin JP, Kiecolt-Glaser JK, Malarkey WB, Glaser R: The influence of anger expression on wound healing. Brain Behav Immun 2008;22:699

104 Watson D, Klohnen EC, Casillas A, Simms EN, Haig J, Berry DS: Match makers and deal breakers: Analyses of assortative mating in newlywed couples. J Pers 2004;72:1029

105 Sidelinger RJ, Booth-Butterfield M: Mate value as a predictor of jealousy and forgiveness in romantic relationships. Communication Quarterly 2007;55:1

106 Buss DM, Shackelford TK: Susceptibility to infidelity in the first year of marriage. Journal of Research in Personality 1997;221:193

107 Stanik CE: Romantic relationships: An examination of partner eva-

luation, women's mate preferences, and dynamics in long-term relationships. Dissertation in Psychology, University of Michigan 2009

108 Hatfield E, Greenberger D, Traupmann J, Lambert P: Equity and sexual satisfaction in recently married couples. Journal of Sex Research 1982;17:18

109 Hyde JS: The gender similarities hypothesis. Am Psychol 2005;
60:581

110 Eisenegger C, Naef M, Snozzi R, Heinrichs M, Fehr E: Prejudice
and truth about the effect of testosterone on human bargaining behaviour. Nature 2010;463:356

111 Stanik CE, Bryant CM: Sexual satisfaction, perceived availability
of alternative partners, and marital quality in newlywed African
American couples. J Sex Res 2012;49:400

112 James McNulty hat seine Forschung auf der Tagung der Amerikanischen Psychologenvereinigung im August 2012 in Orlando vorge-
stellt unter dem Titel:»Sometimes expressing anger can help a relationship in the long term.« Mehrere Fachartikel von ihm zum
Thema werden demnächst erscheinen.

113 De Vogli R, Chandola T, Marmot MG: Negative aspects of close relationships and heart disease. Arch Intern Med 2007;167:1951

114 Luy M: Unnatural deaths among nuns and monks: Is there a biological force behind male external cause mortality? J Biosoc Sci
2009;41:831

115 Reczek C, Umberson D: Gender, health behaviour, and intimate relationships: Lesbian, gay, and straight contexts. Social Science &
Medicine 2012;74:1783

Klassiker der Zerrüttung vermeiden

116 Haugen PT, Welsh DP, McNulty JK: Empathic accuracy and adolescent romantic relationships. Journal of Adolescence 2008;31:709

117 Christensen A, Heavey CL: Gender and social structure in the de-
mand/withdraw pattern of marital conflict. J Pers Soc Psychol
1990;59:73

118   Heavey CL, Layne C, Christensen A: Gender and conflict structure
      in marital interaction: A replication and extension. J Consult Clin
      Psychol 1993;61:16
119   Heavey CL, Christensen A, Malamuth NM: The longitudinal im-
      pact of demand and withdrawal during marital conflict. J Consult
      Clin Psychol 1995;63:797
120   Mehl MR, Vazire S, Ramírez-Esparza N, Slatcher RB, Pennebaker
      JW: Are women really more talkative than men? Science 2007;317:82
121   Frank C, Macknight C: Holiday waistline. Time to consensus: The
      effect of the stomach on consensus decision-making at large confe-
      rences. CMAJ 2006;175:1569
122   Gottman JM, Levenson RW: The timing of divorce: Predicting
      when a couple will divorce over a 14-year period. Journal of Mar-
      riage and Family 2000;62:737
      Gottman JM, Levenson RW: A two-factor model for predicting
      when a couple will divorce: Exploratory analyses using 14-year
      longitudinal data. Fam Process 2002;41:83
123   Acevedo BP, Aron A, Fisher HE, Brown LL: Neural correlates of
      long-term intense romantic love. Soc Cogn Affect Neurosci
      2012;7:145
124   Aron A, Fisher H, Mashek DJ, Strong G, Li H, Brown LL: Reward,
      motivation, and emotion systems associated with early-stage in-
      tense romantic love. J Neurophysiol 2005;94:327
125   Xu X, Brown LL, Aron A, Cao G, Feng T, Acevedo BP, Weng X: Re-
      gional brain activity during early-stage intense romantic love pre-
      dicted relationship outcomes after 40 months: An fMRI assessment.
      Neurosci Lett 2012;526:33
126   Buss DM, Shackelford TK, McKibbin WF: The mate retention in-
      ventory-short form (MRI-SF). Personality and Individual Differen-
      ces 2008;44:322
127   Welling LL, Puts DA, Roberts SC, Little AC, Burriss RP: Hormonal
      contraceptive use and mate retention behavior in women and their
      male partners. Horm Behav 2012;61:114

Beziehungspflege – von wegen Kleinigkeiten!

128 Gadamer HG: Über die Verborgenheit der Gesundheit. Aufsätze und Vorträge. Frankfurt am Main 2010

129 Eine Forsa-Umfrage im Auftrag des Happiness-Instituts (ja, so etwas gibt es tatsächlich) ergab im August 2012, dass Toleranz gegenüber dem Partner für 84 Prozent der Befragten das wichtigste Rezept für ihre dauerhafte Liebe und Lebensfreude ist.

130 Veenhoven R: Healthy happiness: Effects of happiness on physical health and the consequences for preventive health care. J Happiness Stud 2008;9:449

131 Diener E, Chan MY: Happy people live longer: Subjective well-being contributes to health and longevity. Applied Psychology: Health and Well-Being 2011;3:1

132 Sutin AR, Scuteri A, Lakatta EG, Tarasov KV, Ferrucci L, Costa PT Jr, Schlessinger D, Uda M, Terracciano A: Trait antagonism and the progression of arterial thickening: Women with antagonistic traits have similar carotid arterial thickness as men. Hypertension 2010;56:617

133 Rozanski A, Blumenthal JA, Kaplan J: Impact of psychological factors on the pathogenesis of cardiovascular disease and implications for therapy. Circulation 1999;99:2192

134 Holt-Lunstad J, Birmingham W, Howard AM, Thoman D: Married with children: The influence of parental status and gender on ambulatory blood pressure. Ann Behav Med 2009;38:170

135 Holt-Lunstad J, Birmingham W, Jones BQ: Is there something unique about marriage? The relative impact of marital status, relationship quality, and network social support on ambulatory blood pressure and mental health. Ann Behav Med 2008;35:239

136 Holt-Lunstad J, Smith TB, Layton JB: Social relationships and mortality risk: A meta-analytic review. PLoS Med 2010;7:e1 000 316

137 Fowler JH, Christakis NA: Dynamic spread of happiness in a large social network: Longitudinal analysis over 20 years in the Framingham Heart Study. BMJ 2008;337:a2338

138 Cacioppo JT, Fowler JH, Christakis NA: Alone in the crowd: The

structure and spread of loneliness in a large social network. J Pers
Soc Psychol 2009;97:977

139 Doane LD, Adam EK: Loneliness and cortisol: Momentary, day-to-
day, and trait associations. Psychoneuroendocrinology 2010;35:430

140 Harryson L, Novo M, Hammarström A: Is gender inequality in the
domestic sphere associated with psychological distress among women and men? Results from the Northern Swedish Cohort. J Epidemiol Community Health 2012;66:271

141 Harryson L, Strandh M, Hammarström A: Domestic work and psychological distress – what is the importance of relative socioeconomic position and gender inequality in the couple relationship? PLoS
One 2012;7:e38 484

142 Tao W, Janzen BL, Abonyi S: Gender, division of unpaid family
work and psychological distress in dual-earner families. Clin Pract
Epidemiol Ment Health 2010;6:36

143 Evertsson M, Nermo M: Changing resources and the division of
housework: A longitudinal study of Swedish couples. European Sociological Review 2007;23:455

144 Evertsson M: The reproduction of gender: Housework and attitudes
towards gender equality in the home among Swedish boys and girls.
Br J Sociol 2006;57:415

145 Fegert JM, Liebhardt H, Althammer J, Baronsky A, Becker-Stoll F,
Besier T, Dette-Hagenmeyer D, Eickhorst A, Gerlach I, Gloger-Tippelt G, Kindler H, Leyendecker B, Limmer R, Merkle T, Reichle B,
Walter H, Wöckel A, von Bresinski B, Ziegenhain U: Vaterschaft und
Elternzeit. Eine interdisziplinäre Literaturstudie zur Frage der Bedeutung der Vater-Kind-Beziehung für eine gedeihliche Entwicklung der Kinder sowie den Zusammenhalt in der Familie. Ulm 2011

146 Gille M, Marbach J: Arbeitsteilung von Paaren und ihre Belastung
durch Zeitstress. In: Alltag in Deutschland. Hg.: Statistisches Bundesamt 2004:86

Walter W, Künzler J: Parentales Engagement: Mütter und Väter im
Vergleich. In: Elternschaft heute. Gesellschaftliche Rahmenbedin-
gungen und individuelle Gestaltungsaufgaben. Hg.: Schneider NF,
Matthias-Bleck H. Opladen 2002:95

Bianchi SM, Robinson JP, Milkie MA: Changing Rhythms of American Family Life. New York 2006

Röhler H, Steinbach A, Huinink J: Hausarbeit in Partnerschaften. Zeitschrift für Familienforschung 2000;12:21

147   Reichle B, Zahn F:»Und sie bewegt sich doch!« Aufgabenverteilungen in Partnerschaften verändern sich im Lauf des Familienzyklus. In: Familie und Beruf – weibliche Lebensperspektiven im Wandel. Hg.: Endepohls-Ulpe M, Jesse A. Frankfurt am Main 2006:85

148   Nordenmark M, Nyman C: Fair or unfair? Perceived fairness of household division of labour and gender equality among women and men. The European Journal of Women's Studies 2003;10:181

Lennon MC, Rosenfield S: Relative fairness and the division of housework: The importance of options. American Journal of Sociology 1994;100:506

Braun M, Lewin-Epstein N, Stier H, Baumgärtner MK: Perceived equity in the gendered division of household labor. Journal of Marriage and Family 2008;70:1145

Literatur

D ie Fachartikel und Bücher, aus denen ich zitiert habe oder in denen sich interessante Forschungsergebnisse finden, habe ich in alphabetischer Reihenfolge angegeben. Zudem habe ich weitere hilfreiche Literaturhinweise und Leseempfehlungen aufgeführt.

Die große Mehrzahl der hochwertigen medizinischen Untersuchungen wird leider nicht auf Deutsch, sondern in englischsprachigen Zeitschriften veröffentlicht. Viele dieser Fachartikel sind frei zugänglich. Zu finden sind diese Texte zumeist in der National Library of Medicine der USA, die inzwischen mehr als 20 Millionen medizinische Fachartikel bereithält. Von den meisten ist eine kurze Zusammenfassung kostenlos online erhältlich, bei etlichen kann sogar der gesamte Artikel unentgeltlich heruntergeladen werden.

Ein Wort noch zu der angegebenen Fachliteratur. Es gibt mittlerweile mehr als 20 000 Fachzeitschriften, in denen medizinische Artikel publiziert werden können. Der Großteil von ihnen ist das Papier nicht wert, auf dem sie gedruckt werden, weil die Beiträge von zu schlechter Qualität sind. Ich habe versucht, Artikel aus hochwertigen Zeitschriften anzugeben. Das *New England Journal of Medicine, Lancet, JAMA, BMJ* und die *Annals of Internal Medicine* sind die fünf weltweit führenden medizinischen Fachjournale. Die Cochrane-Datenbank ist die zuverlässigste Quelle für Überblicksarbeiten und systematische Metaanalysen. *Nature,*

Science und *PNAS* gelten als die besten Zeitschriften zu allgemeinen Wissenschaftsthemen. Nicht immer gibt es Beiträge zur Liebe und Beziehungsforschung in diesen Zeitschriften, die als Hort der harten Wissenschaft gelten. Deshalb sind viele der hier zitierten Studien in Fachzeitschriften der medizinischen oder psychologischen Unterdisziplinen aufgeführt, manche auch in Fachblättern für Biologie, Evolution oder Sexualwissenschaft. Die Abkürzung der Literaturhinweise folgt den international üblichen Standards. Die Angabe »Schatz P, Sonnenschein M, Liebherr K: How to become a happy couple. N Engl J Med 2012;374:117« bedeutet beispielsweise, dass ein (fiktiver) Artikel der Forscher Schatz, Sonnenschein und Liebherr in einer der weltweit angesehensten Fachzeitschriften für Ärzte erschienen ist, dem *New England Journal of Medicine.* Er findet sich dort im Jahr 2012, im Band 374 der Zeitschrift und beginnt auf Seite 117.

Abramov I, Gordon J, Feldman O, Chavarga A: Sex & vision I: Spatiotemporal resolution. Biol Sex Differ 2012;3:20

Acevedo BP, Aron A, Fisher HE, Brown LL: Neural correlates of long-term intense romantic love. Soc Cogn Affect Neurosci 2012;7:145

Ackerman JM, Nocera CC, Bargh JA: Incidental haptic sensations influence social judgments and decisions. Science 2010;328:1712

Allen K, Blascovich J, Mendes WB: Cardiovascular reactivity and the presence of pets, friends, and spouses: The truth about cats and dogs. Psychosom Med 2002;64:727

Alvergne A, Lummaa V: Does the contraceptive pill alter mate choice in humans? Trends Ecol Evol 2010;25:171

Aron A, Fisher H, Mashek DJ, Strong G, Li H, Brown LL: Reward, motivation, and emotion systems associated with early-stage intense romantic love. J Neurophysiol 2005;94:327

Atzema CL, Austin PC, Huynh T, Hassan A, Chiu M, Wang JT, Tu JV: Effect of marriage on duration of chest pain associated with acute myocardial infarction before seeking care. CMAJ 2011;183:1482

Bakker J: Sexual differentiation of the neuroendocrine mechanisms regulating mate recognition in mammals. Journal of Neuroendocrinology 2003;15:615

Ball FLJ, Cowan P, Cowan CP: Who's got the power? Gender differences in partners' perceptions of influence during marital problem-solving discussions. Family Process 1995;34:303

Barash DP, Lipton JE: The Myth of Monogamy: Fidelity and Infidelity in Animals and People. New York 2001

Bargh JA, Shalev I: The substitutability of physical and social warmth in daily life. Emotion 2012;12:154

Bartels A, Zeki S: The neural basis of romantic love. Neuroreport 2000;11:3829

Bartels A, Zeki S: The neural correlates of maternal and romantic love. Neuroimage 2004;21:1155

Bartens W: Körperglück. Wie gute Gefühle gesund machen. München 2010

Bartens W: Glücksmedizin. Was wirklich wirkt. München 2011

Berkic J: Bindung und Partnerschaft bei Langzeit-Ehepaaren. Berlin 2006

Berkic J, Quehenberger J: Bindungsspezifische Mechanismen der Emotionsregulation bei Langzeitehepaaren. In: Brisch KH (Hg.): Bindungen – Paare, Sexualität und Kinder. Stuttgart 2012, S. 36–60

Bianchi SM, Robinson JP, Milkie MA: Changing Rhythms of American Family Life. New York 2006

Blackburn S: Wollust. Die schönste Todsünde. Berlin 2008

Borg C, de Jong PJ: Feelings of disgust and disgust-induced avoidance weaken following induced sexual arousal in women. PLoS One 2012;7:e44111

Braun M, Lewin-Epstein N, Stier H, Baumgärtner MK: Perceived equity in the gendered division of household labor. Journal of Marriage and Family 2008;70:1145

Buss DM, Shackelford TK: Susceptibility to infidelity in the first year of marriage. Journal of Research in Personality 1997;221:193

Buss DM, Shackelford TK, McKibbin WF: The mate retention inventory-short form (MRI-SF). Personality and Individual Differences 2008; 44:322

Buunk AP, Park JH, Zurriaga R, Klavina L, Massar K: Height predicts jealousy differently for men and women. Evol Hum Behav 2008;29:133

Cacioppo JT, Fowler JH, Christakis NA: Alone in the crowd: The structure and spread of loneliness in a large social network. J Pers Soc Psychol 2009;97:977

Christensen A, Heavey CL: Gender and social structure in the demand/withdraw pattern of marital conflict. J Pers Soc Psychol 1990;59:73

Clark RD, Hatfield E: Gender differences in receptivity to sexual offers. J Psychol and Hum Sexuality 1989;2:39

Coan JA, Schaefer HS, Davidson RJ: Lending a hand: Social regulation of the neural response to threat. Psychol Sci 2006;17:1032

Cobey KD, Pollet TV, Roberts SC, Buunk AP: Hormonal birth control use and relationship jealousy: Evidence for estrogen dosage effects. Personality and Individual differences 2011;50:315

Cobey KD, Buunk AP, Roberts SC, Klipping C, Appels N, Zimmerman Y, Bennink HJTC, Pollet TV: Reported jealousy differs as a function of menstrual cycle stage and contraceptive pill use: A within-subjects investigation. Evolution and Human Behaviour 2012;33:395

Confer JC, Perilloux C, Buss DM: More than just a pretty face: Men's priority shifts toward bodily attractiveness in short-term versus long-term mating contexts. Evolution and Human Behavior 2010;31:348

Conley TD: Perceived proposer personality characteristics and gender differences in acceptance of casual sex offers. J Pers Soc Psychol 2011;100:309

Conley TD, Moors AC, Ziegler A, Karathanasis C: Unfaithful individuals are less likely to practice safer sex than openly nonmonogamous individuals. J Sex Med 2012;9:1559

Csapo R, Maganaris CN, Seynnes OR, Narici MV: On muscle, tendon and high heels. J Exp Biol 2010;213:2582

Dahabreh IJ, Paulus JK: Association of episodic physical and sexual activity with triggering of acute cardiac events: Systematic review and meta-analysis. JAMA 2011;305:1225

Diener E, Chan MY: Happy People Live Longer: Subjective well-being contributes to health and longevity. Applied Psychology: Health and Well-Being 2011;1:3

Ditzen B, Neumann ID, Bodenmann G, von Dawans B, Turner RA, Ehlert U, Heinrichs M: Effects of different kinds of couple interaction on cortisol and heart rate responses to stress in women. Psychoneuroendocrinology 2007;32:565

Ditzen B, Hoppmann C, Klumb P: Positive couple interactions and daily cortisol: On the stress-protecting role of intimacy. Psychosom Med 2008;70:883

Ditzen B, Schaer M, Gabriel B, Bodenmann G, Ehlert U, Heinrichs M: Intranasal oxytocin increases positive communication and reduces cortisol levels during couple conflict. Biol Psychiatry 2009;65:728

Doane LD, Adam EK: Loneliness and cortisol: Momentary, day-to-day, and trait associations. Psychoneuroendocrinology 2010;35:430

Dobson R: Women who drink wine get pregnant more quickly. BMJ 2003;327:468

Dzara K: Assessing the effect of marital sexuality on marital disruption. Social Science Research 2010;39:715

Easton JA, Confer JC, Goetz CD, Buss DM: Reproduction expediting: Sexual motivations, fantasies, and the ticking biological clock. Personality and Individual Differences 2010;49:516

Eisenegger C, Naef M, Snozzi R, Heinrichs M, Fehr E: Prejudice and truth about the effect of testosterone on human bargaining behaviour. Nature 2010;463:356

Evertsson M: The reproduction of gender: Housework and attitudes towards gender equality in the home among Swedish boys and girls. Br J Sociol 2006;57:415

Evertsson M, Nermo M: Changing resources and the division of housework: A longitudinal study of Swedish couples. European Sociological Review 2007;23:455

Fegert JM, Liebhardt H, Althammer J, Baronsky A, Becker-Stoll F, Besier T, Dette-Hagenmeyer D, Eickhorst A, Gerlach I, Gloger-Tippelt G, Kindler H, Leyendecker B, Limmer R, Merkle T, Reichle B, Walter H, Wöckel A, von Bresinski B, Ziegenhain U: Vaterschaft und Elternzeit.

Eine interdisziplinäre Literaturstudie zur Frage der Bedeutung der Vater-Kind-Beziehung für eine gedeihliche Entwicklung der Kinder sowie den Zusammenhalt in der Familie. Ulm 2011

Fink B, Grammer K, Matts PJ: Visible skin color distribution plays a role in the perception of age, attractiveness, and health in female faces. Evolution & Human Behavior 2006;27:433

Floyd K, Boren JP, Hannawa AF, Hesse C, McEwan B, Veksler AE: Kissing in marital and cohabiting relationships: Effects on blood lipids, stress, and relationship satisfaction. Western Journal of Communication 2009;73:113

Floyd K, Pauley PM, Hesse C: State and trait affectionate communication buffer adults' stress reactions. Communication Monographs 2010; 77:618

Fowler JH, Christakis NA: Dynamic spread of happiness in a large social network: Longitudinal analysis over 20 years in the Framingham Heart Study. BMJ 2008;337:a2338

Frank C, Macknight C: Holiday waistline. Time to consensus: The effect of the stomach on consensus decision-making at large conferences. CMAJ 2006;175:1569

Friedmann E, Thomas SA: Pet ownership, social support, and one-year survival after acute myocardial infarction in the Cardiac Arrhythmia Suppression Trial (CAST). Am J Cardiol 1995;76:1213

Gadamer HG: Über die Verborgenheit der Gesundheit. Aufsätze und Vorträge. Frankfurt am Main 2010

Geary DC, DeSoto MC, Hoard MK, Skaggs Sheldon M, Lynne Cooper M: Estrogens and relationship jealousy. Human Nature 2001;12:299

Gettler LT, Agustin SS, Kuzawa CW: Testosterone, physical activity, and somatic outcomes among Filipino males. Am J Phys Anthropol 2010;142:590

Gettler LT, McKenna JJ, McDade TW, Agustin SS, Kuzawa CW: Does cosleeping contribute to lower testosterone levels in fathers? Evidence from the Philippines. PLoS One 2012;7:e41 559

Gille M, Marbach J: Arbeitsteilung von Paaren und ihre Belastung durch Zeitstress. In: Alltag in Deutschland. Hg.: Statistisches Bundesamt 2004:86

Glenn ND, Uecker JE, Love Jr RWB: Later first marriage and marital success. Social Science Research 2010;39:787

Goodson P: Sexual activity in middle to later life. BMJ 2010;340:c850

Gomes CM, Boesch C: Wild chimpanzees exchange meat for sex on a long-term basis. PLoS One 2009;4:e5116

Gottman JM, Levenson RW: Marital and couple relationships: Rebound from marital conflict and divorce prediction. Family Process 1999; 38:287

Gottman JM, Levenson RW: The Timing of divorce: Predicting when a couple will divorce over a 14-year period. Journal of Marriage and Family 2000;62:737

Gottman JM, Levenson RW: A two-factor model for predicting when a couple will divorce: Exploratory analyses using 14-year longitudinal data. Fam Process 2002;41:83

Gouin JP, Kiecolt-Glaser JK, Malarkey WB, Glaser R: The influence of anger expression on wound healing. Brain Behav Immun 2008;22:699

Grammer K, Kruck K, Juette A, Fink B: Non-verbal behavior as courtship signals: The role of control and choice in selecting partners. Evolution & Human Behavior 2000;21:371

Grammer K, Fink B, Neave N: Human pheromones and sexual attraction. European Journal of Obstetrics & Gynecology and Reproductive Biology 2005;118:135

Guéguen N: The receptivity of women to courtship solicitation across the menstrual cycle: A field experiment. Biol Psychol 2009;80:321

Guéguen N: Gait and menstrual cycle: ovulating women use sexier gaits and walk slowly ahead of men. Gait Posture 2012;35:621

Guéguen N: »Say it … near the flower shop«: Further evidence of the effect of flowers on mating. J Soc Psychol 2012;152:529

Guéguen N, Jacob C: Clothing color and tipping: Gentlemen Patrons give more tips to waitresses with red clothes. Journal of Hospitality and Tourism Research 2012, online

Harryson L, Strandh M, Hammarström A: Domestic work and psychological distress – what is the importance of relative socioeconomic position and gender inequality in the couple relationship? PLoS One 2012;7:e38484

Harryson L, Novo M, Hammarström A: Is gender inequality in the domestic sphere associated with psychological distress among women and men? Results from the Northern Swedish Cohort. J Epidemiol Community Health 2012;66:271

Hasson O: Emotional tears as biological signals. Evolutionary Psychology 2009;7:363

Hatfield E, Greenberger D, Traupmann J, Lambert P: Equity and sexual satisfaction in recently married couples. Journal of Sex Research 1982;17:18

Haugen PT, Welsh DP, McNulty JK: Empathic accuracy and adolescent romantic relationships. Journal of Adolescence 2008;31:709

Heavey CL, Layne C, Christensen A: Gender and conflict structure in marital interaction: a replication and extension. J Consult Clin Psychol 1993;61:16

Heavey CL, Christensen A, Malamuth NM: The longitudinal impact of demand and withdrawal during marital conflict. J Consult Clin Psychol 1995;63:797

Hill RA, Barton RA: Psychology: red enhances human performance in contests. Nature 2005;435:293

Holt-Lunstad J, Birmingham W, Jones BQ: Is there something unique about marriage? The relative impact of marital status, relationship quality, and network social support on ambulatory blood pressure and mental health. Ann Behav Med 2008;35:239

Holt-Lunstad J, Birmingham W. Howard AM, Thoman D: Married with children: The influence of parental status and gender on ambulatory blood pressure. Ann Behav Med 2009;38:170

Holt-Lunstad J, Smith TB, Layton JB: Social relationships and mortality risk: A meta-analytic review. PLoS Med 2010;7:e1000316

Hughes ME, Waite LJ: Marital biography and health at mid-life. J Health Soc Behav 2009;50:344

Hyde JS: The gender similarities hypothesis. Am Psychol 2005;60:581

Illouz E: Warum Liebe weh tut. Eine soziologische Erklärung. Frankfurt am Main 2011

Israel S, Lerer E, Shalev I, Uzefovsky F, Riebold M, Laiba E, Bachner-Melman R, Maril A, Bornstein G, Knafo A, Ebstein RP: The oxytocin receptor (OXTR) contributes to prosocial fund allocations in the dictator game and the social value orientations task. PLoS One 2009;4:e5535

Jellouschek H: Liebe auf Dauer. Was Partnerschaft lebendig hält. Freiburg 2010

Johnston VS, Hagel R, Franklin M, Fink B, Grammer K: Male facial attractiveness: evidence for hormone-mediated adaptive design. Evolution and Human Behavior 2001;22:251

Juhl M, Olsen J, Andersen AM, Gronbaek M: Intake of wine, beer, spirits and waiting time to pregnancy. Human Reproduction 2003;18:1967

Kaufman G, Taniguchi H: Gender and marital happiness in later life. Journal of Family Issues 2006;27:735

Kiecolt-Glaser JK, Bane C, Glaser R, Malarkey WB: Love, marriage, and divorce: Newlyweds' stress hormones foreshadow relationship changes. Journal of Consulting in Clinical Psychology 2003;71:176

Kiecolt-Glaser JK, Loving TJ, Stowell JR, Malarkey WB, Lemeshow S: Hostile marital interactions, proinflammatory cytokine production, and wound healing. Arch Gen Psychiatry 2005;62:1377

King KB, Reis HT: Marriage and long-term survival after coronary artery bypass grafting. Health Psychol 2012;31:55

Kokko H, Rankin DJ: Lonely hearts or sex in the city? Density-dependent effects in mating systems. Philos Trans R Soc Lond B Biol Sci 2006;361:319

Lennon MC, Rosenfield S: Relative fairness and the division of housework: The importance of options. American Journal of Sociology 1994;100:506

Levenson RW, Carstensen LL, Gottman JM: Long-term marriage: Age, gender, and satisfaction. Psychol Aging 1993;8:301

Levy KN, Kelly KM: Sex differences in jealousy: A contribution from attachment theory. Psychol Sci 2010;21:168

Lim MM, Wang Z, Olazábal DE, Ren X, Terwilliger EF, Young LJ: Enhanced partner preference in a promiscuous species by manipulating the expression of a single gene. Nature 2004;429:754

Lindau ST, Gavrilova N: Sex, health, and years of sexually active life gained due to good health: Evidence from two US population based cross sectional surveys of ageing. BMJ 2010;340,c810

Lippert T, Prager KJ: Daily experiences of intimacy: A study of couples. Personal Relationships 2001;8:283

Luy M: Unnatural deaths among nuns and monks: Is there a biological force behind male external cause mortality? J Biosoc Sci 2009;41:831

Lynn M: Determinants and consequences of female attractiveness and sexiness: Realistic tests with restaurant waitresses. Arch Sex Behav 2009;38:737

Matsunaga M, Sato S, Isowa T, Tsuboi H, Konagaya T, Kaneko H, Ohira H: Profiling of serum proteins influenced by warm partner contact in healthy couples. Neuro Endocrinol Lett 2009;30:2

Medalie JH, Goldbourt U: Angina pectoris among 10,000 men. II. Psychosocial and other risk factors as evidenced by a multivariate analysis of a five year incidence study. Am J Med 1976;60:910

Medalie JH, Stange KC, Zyzanski SJ, Goldbourt U: The importance of biopsychosocial factors in the development of duodenal ulcer in a cohort of middle-aged men. Am J Epidemiol 1992;136:1280

Mehl MR, Vazire S, Ramírez-Esparza N, Slatcher RB, Pennebaker JW: Are women really more talkative than men? Science 2007;317:82

Meltzer AL, McNulty JK, Karney BR: Social support and weight maintenance in marriage: The interactive effects of support seeking, support provision, and gender. J Fam Psychol 2012;26:678

Nettle D: Women's height, reproductive success and the evolution of sexual dimorphism in modern humans. Proceedings of the Royal Society of London in Biological Sciences 2002;269:1919

Niesta Kayser D, Elliot AJ, Feltman R: Red and romantic behavior in men viewing women. European Journal of Social Psychology 2010; 40:901

Nordenmark M, Nyman C: Fair or unfair? Perceived fairness of household division of labour and gender equality among women and men. The European Journal of Women's Studies 2003;10:181

Ozaltin E, Hill K, Subramanian SV: Association of maternal stature with offspring mortality, underweight, and stunting in low- to middle-income countries. JAMA 2010;303:1507

Paik A: »Hookups«, dating, and relationship quality: Does the type of sexual involvement matter? Social Science Research 2010;39:739

Pawlowski B, Dunbar RI, Lipowicz A: Tall men have more reproductive success. Nature 2000;13:156

Pedersen CA: Biological aspects of social bonding and the roots of human violence. Ann N Y Acad Sci 2004;1036:106

Pidd H, Oltermann P, Harding L: At-a-glance guide to Germany: Sausages, sexual confidence and surprisingly good hip-hop. *The Guardian*, 14. März 2011

Pollet TV, van der Meij L, Cobey KD, Buunk AP: Testosterone levels and their associations with lifetime number of opposite sex partners and remarriage in a large sample of American elderly men and women. Horm Behav 2011;60:72

Portillo W, Paredes RG: Sexual and olfactory preference in noncopulating male rats. Physiology and Behaviour 2003;80:155

Rauschenbach BS, Sobal J, Frongillo EA: The influence of change in marital status on weight change over one year. Obesity Research 1995;3:319

Re DE, Whitehead RD, Xiao D, Perrett DI: Oxygenated-blood colour change thresholds for perceived facial redness, health, and attractiveness. PLoS One 2011;6:e17 859

Reczek C, Umberson D: Gender, health behaviour, and intimate relationships: Lesbian, gay, and straight contexts. Social Science & Medicine 2012;74:1783

Reichle B, Zahn F:»Und sie bewegt sich doch!« Aufgabenverteilungen in Partnerschaften verändern sich im Lauf des Familienzyklus. In: Familie und Beruf – weibliche Lebensperspektiven im Wandel. Hg.: Endepohls-Ulpe M, Jesse A. Frankfurt 2006:85

Renninger LA, Wade TJ, Grammer K: Getting that female glance: Patterns and consequences of male nonverbal behavior in courtship contexts. Evolution and Human Behavior 2004;25:416

Reynolds P, Boyd PT, Blacklow RS, Jackson JS, Greenberg RS, Austin DF, Chen VW, Edwards BK: The relationship between social ties and survival among black and white breast cancer patients. National Cancer Institute Black/White Cancer Survival Study Group. Cancer Epidemiol Biomarkers Prev 1994;3:253

Roberts SC, Klapilova K, Little AC, Burriss RP, Jones BC, DeBruine LM,

Petrie M, Havlicek J: Relationship satisfaction and outcome in women who meet their partner while using oral contraception. Proceedings of the Royal Society of London B 2012;279:1430

Rodin J, Langer EJ: Long-term effects of a control-relevant intervention with the institutionalized aged. J Pers Soc Psychol 1977;35:897

Röhler H, Steinbach A, Huinink J: Hausarbeit in Partnerschaften. Zeitschrift für Familienforschung 2000;12:21

Rozanski A, Blumenthal JA, Kaplan J: Impact of psychological factors on the pathogenesis of cardiovascular disease and implications for therapy. Circulation 1999;99:2192

Schmitt M, Kliegel M, Shapiro A: Marital interaction in middle and old age: A predictor of marital satisfaction? Int J Aging Hum Dev 2007; 65:283

Schützwohl A, Koch S: Sex differences in jealousy: The recall of cues to sexual and emotional infidelity in personally more and less threatening context conditions. Evolution and Human Behavior 2004;25:249

Schützwohl A, Fuchs A, McKibbin WF, Shackelford TK: How willing are you to accept sexual requests from slightly unattractive to exceptionally attractive imagined requestors? Human Nature 2009;20:282

Schützwohl A, Morjaria S, Alvis S: Spatial distance regulates sex-specific feelings to suspected sexual and emotional infidelity. Evol Psychol 2011;9:417

Sidelinger RJ, Booth-Butterfield M: Mate value as a predictor of jealousy and forgiveness in romantic relationships. Communication Quarterly 2007;55:1

Siegel JM: Stressful life events and use of physician services among the elderly: The moderating role of pet ownership. J Pers Soc Psychol 1990;58:1081

Smith EO, Helms WS: Natural selection and high heels. Foot Ankle Int 1999;20:55

Sobal J, Rauschenbach BS, Frongillo EA: Marital status, fatness and obesity. Social Science Medicine 1992;35:915

Sobal J, Rauschenbach BS, Frongillo EA: Marital status changes and body weight change: A US longitudinal analysis. Social Science Medicine 2003;56:1543

Stanik CE: Romantic relationships: An examination of partner evaluation, women's mate preferences, and dynamics in long-term relationships. Dissertation in Psychologie, University of Michigan 2009

Stanik CE, Bryant CM: Sexual satisfaction, perceived availability of alternative partners, and marital quality in newlywed African American couples. J Sex Res 2012;49:400

Stephen ID, McKeegan AM: Lip colour affects perceived sex typicality and attractiveness of human faces. Perception 2010;39:1104

Stevenson RJ, Case TI, Oaten MJ: Effect of self-reported sexual arousal on responses to sex-related and non-sex-related disgust cues. Arch Sex Behav 2011;40:79

Sutin AR, Scuteri A, Lakatta EG, Tarasov KV, Ferrucci L, Costa PT Jr, Schlessinger D, Uda M, Terracciano A: Trait antagonism and the progression of arterial thickening: Women with antagonistic traits have similar carotid arterial thickness as men. Hypertension 2010;56:617

Tao W, Janzen BL, Abonyi S: Gender, division of unpaid family work and psychological distress in dual-earner families. Clin Pract Epidemiol Ment Health 2010;6:36

Tobe SW, Kiss A, Sainsbury S, Jesin M, Geerts R, Baker B: The impact of job strain and marital cohesion on ambulatory blood pressure during 1 year: The double exposure study. Am J Hypertens 2007;20:148

Van der Meij L, Buunk AP, Salvador A: Contact with attractive women affects the release of cortisol in men. Horm Behav 2010;58:501

Veenhoven R: Healthy happiness: Effects of happiness on physical health and the consequences for preventive health care. J Happiness Stud 2008;9:449

Walter W, Künzler J: Parentales Engagement: Mütter und Väter im Vergleich. In: Elternschaft heute. Gesellschaftliche Rahmenbedingungen und individuelle Gestaltungsaufgaben. Hg.: Schneider NF, Matthias-Bleck H. Opladen 2002:95

Wang Z, Aragona BJ: Neurochemical regulation of pair bonding in male prairie voles. Physiol Behav 2004;83:319

Watson D, Klohnen EC, Casillas A, Simms EN, Haig J, Berry DS: Match makers and deal breakers: Analyses of assortative mating in newlywed couples. J Pers 2004;72:1029

Webster GD, Brunell AB, Pilkington CJ: Individual differences in men's and women's warmth and disclosure differentially moderate couples' reciprocity in conversational disclosure. Personality and Individual Differences 2009;46:292

Welling LL, Puts DA, Roberts SC, Little AC, Burriss RP: Hormonal contraceptive use and mate retention behavior in women and their male partners. Horm Behav 2012;61:114

Williams LE, Bargh JA: Experiencing physical warmth promotes interpersonal warmth. Science 2008;322:606

Xu X, Brown LL, Aron A, Cao G, Feng T, Acevedo BP, Weng X: Regional brain activity during early-stage intense romantic love predicted relationship outcomes after 40 months: An fMRI assessment. Neurosci Lett 2012;526:33

Younger J, Aron A, Parke S, Chatterjee N, Mackey S: Viewing pictures of a romantic partner reduces experimental pain: Involvement of neural reward systems. PLoS One 2010;13:e13309

Register

Abstand zum Partner 134

Abwehrsystem 39 ff., 62 f., 98 ff., 113 ff., 155 f., 208 f.

Acevedo, Bianca 187 f., 200

Adrenalin 38, 92, 109

Affäre 118–139

Aggression 18, 110 f., 141, 149, 155 f., 161, 167 ff., 179 f., 201

Albumin 115

Alkohol 72 f.

Allolio, Bruno 132

Alltag 185 f.

Alvergne, Alexandra 62

Androgene 45

Aneinanderklammern 189 ff.

Antibabypille 59, 61 ff., 124 f., 192

Ärger 163 ff.

Äsop 162

Attraktivität, unterschiedliche 133 f.

Aufmerksamkeit bekommen, ihre 46 ff.

–, seine 49 ff.

Badewanne 93 ff.

Balzac, Honoré de 77

Balzverhalten 47, 131

Barash, David P. 127, 129

Bardot, Brigitte 81

Bargh, John 88 f.

Bartels, Andreas 107

Beckenbauer, Franz 208

Beobachter 44 f.

Berkic, Julia 28, 148

Berührung, flüchtige 87 ff.

Best, George 72

Beta-2-Microglobulin 115

Bett 76 ff.

Bewegung der Frau 48 f.

Beziehung 13 f.

–, Aufbauhilfe für 151–174

–, ehemals romantische 20

–, erfolgreiche/erfüllende 15 f.

–, konfliktorientierte 17 f.

–, konfliktvermeidende 19 f.

–, Kumpel- 22 f.

–, mittelmäßige 16 f.

–, Pflege der 195–216

–, Rettungs- 21 f.

–, Trost- 21

–, verlebte 23 f.

Beziehungsalltag 185 f.

Bierce, Ambrose 185

Blackburn, Simon 198

Blumen 31 f.

Blutdruck 96 ff., 103, 202 f., 209

Borg, Charmaine 93

Brisch, Karl Heinz 68

Brizendine, Louann 181

Brustkrebs 104
Bypass 104 f.

Cacioppo, John 206
Cardinale, Claudia 140
Cholesterin 114
Christakis, Nicholas 206, 209
Coan, James 83 f.
Confer, Jaime 43
Conley, Terri 34 ff., 139
Cortisol 38, 109 f., 112, 116 f.,
    156, 165 f., 209

Dahabreh, Issa 136 f.
Day, Doris 44
Dean, Gordon 62
Delay, Jan 154
Depp, Johnny 36
Diabetes 99
Diener, Ed 201
Dietrich, Marlene 41, 138, 159
Dopamin 75, 101, 110, 187
Durchhalten 140–150
Dzara, Kristina 69

Eastwood, Clint 193
Eifersucht 29 f., 61, 118–139, 190
– und Hormone 124 f.
Einsamkeit 205–209
Eisenegger, Christoph 161
Ekel 91 ff., 143
Emerson, Ralph Waldo 52
Empathie 175 ff.

Fallada, Hans 13
Farbe 52 ff.
Ferstl, Ernst 98
Figur 41 ff., 143 ff.
Foerster, Karl 31
Fowler, James 209 f.
Frau, ältere 64 f.
– als Gesundheitserzieherin
    172 ff.
–, ängstliche 28, 68, 166, 192
–, Bewegung der 48 f.
– richtiger Tag zum Kennenlernen
    58 f.
–, sichere 26 ff.
Frederik VIII., König von
    Dänemark 135
Freud, Sigmund 91, 163
Freundschaft 22, 60, 84, 99,
    193 f., 199 f., 203 ff., 208 ff.
Frey, Dieter 211
Frisch, Max 134

Gabor, Zsa Zsa 154, 167
Gandhi, Mahatma 183
Gefühl, gewollt zu werden 102 ff.
Gefühle, trennende 142 f.
Gemeinsamkeiten 159 ff.
Gemeinschaftsgefühl 210 f.
Geruch 39 ff.
Gesicht 41 ff.
Gesprächigkeit 181 ff.
Gestagen 61, 63
Gesundheit 96–117
Gesundheitsverhalten 172 ff.
Gettler, Lee 78

Gewicht 144 ff.

Glück 200 ff., 210

Goethe, Johann Wolfgang von 17, 102, 119

Goetz, Curt 178

Gottman, John 140, 143

Grammer, Karl 47

Gréco, Juliette 49

Griffiths, Charmaine 97

Größe 29 ff.

Guéguen, Nicolas 32, 48 f., 54

Halle, Martin 136

Händchenhalten 83 f.

Harmonie 183 ff.

Hässlichkeit 125 f.

Hassmann, Eva 74

Hasson, Oren 149

Hauptmann, Gerhart 23

Haushalt 212 ff.

Haustier 106

Heinrichs, Markus 85

Heirat, frühe 56 f.

Henningsen, Peter 211

Hepburn, Katharine 20, 22

Herzbeschwerden 97, 99 f., 103 ff., 124, 168 f., 172, 201, 204, 208

– durch Sex 135 ff.

Hitchcock, Alfred 15

Holt-Lunstad, Julianne 204 f.

Hughes, Mary Elizabeth 99

Hyde, Janet Shibley 160 f.

Immunsystem 39 ff., 62 f., 98 ff., 113 ff., 155 f., 208 f.

Interesse, erloschenes 74 f.

Jahr, viertes 74 ff.

Jellouschek, Hans 80

Jolie, Angelina 36

Kälte 94

Kästner, Erich 9

Kelly, Kristin 122

Kiecolt-Glaser, Janice 154, 156

Kind 202 f.

– im Ehebett 78 f.

Klammern 189 ff.

Klimt, Gustav 125

Koch, Stephanie 121

Konflikt siehe Streit

Krebs 99, 104 f., 165

Kuscheln 62, 76, 109 ff.

Küssen 113–117

Lebenserwartung 81, 170 ff., 200–208

Levenson, Robert 140

Levy, Kenneth 122

Liebe in Frage stellen 197 f.

–, Phasen der 196

–, Platz der 107 ff.

–, romantische 187 ff.

–, schwindende 167 f.

– und Schmerz 100 ff.

Lippen, rote 54 f.

Lippmann, Walter 21

Loren, Sophia 29

Loriot 181
Lummaa, Virpi 62 f.
Luther, Martin 81

Macken 198 f.
Mackey, Sean 101
Mäkeln 178 ff.
Mann, unsicherer 26 ff.
Martire, Lynn 166
Massage 85 ff.
Mastroianni, Marcello 19
Maugham, William Somerset 69,
    85
Maupassant, Guy de 37
McNulty, James 164
Mehl, Matthias 182 f.
Montherlant, Henry de 119
Moreau, Jeanne 64, 131
Morgan, Michèle 172
Morgenstern, Christian 31

Naef, Michael 161
Narici, Marco 50 f.
Nietzsche, Friedrich 74
Nocera, Christopher 88
Noradrenalin 38, 109, 209

Offenheit 151 ff.
One-Night-Stand 33–37, 70
Orgasmus 37, 138
Osborne, John 96
Östrogen 54, 61, 63, 124 f., 192
Oxytocin 109 ff., 114, 187

Paik, Anthony 70 ff.
Palmer, Lilli 135
Partnerwahl 25–55
– ohne Pille 62 f.
Paulus, Jessica 136 f.
Pennebaker, James 182
Pheromone 41
Pietromonaco, Paula 165 f.
Pille siehe Antibabypille
Promiskuität 129 ff.

Radisch, Iris 215
Rilke, Rainer Maria 151
Romantik 187 ff.
Rot 52 ff.
Roth, Philip 66
Rousseau, Jean-Jacques 170, 172
Rowland, Helen 143

Scheidt, Carl Eduard 110
Scheidung 140 f., 193 f.
Schlaf 76 ff.
Schlaganfall 97, 103, 105 f., 124,
    201, 204
Schmerz 100 ff.
Schmidt, Helmut 76
Schmidt, Loki 76
Schminke 54 f.
Schopenhauer, Arthur 48
Schützwohl, Achim 35, 121, 134
Schwarzenegger, Arnold 125
Schweiß 40, 93
Sehfertigkeit 44 f.
Seitensprung 75, 118 f.
Selbstwertgefühl 68

Sex 28, 33–37, 58 f., 65–82,
    89 ff., 125 f.
– Fantasien 90
–, Gewöhnung an 74 f.
–, häufiger, guter 69 f.
–, längerer 81 f.
– nach Plan 79 ff.
–, schlechter 69
–, schneller 70 ff.
–, überschätzter 66 ff.
Sexuallockstoffe 41
Shakespeare, William 61, 151
Shalev, Zeruya 162
Shaw, George Bernard 56
Shriver, Maria 125
Simpson, Homer 157
Smith, Timothy 205, 207
Sokrates 197
Spinoza, Baruch de 123
Stendhal 123
Stöckelschuhe 49 ff.
Streicheleinheiten 83–95
Streit 17 ff., 111 f., 140 ff.,
    163–169
–, konstruktiver 154 ff.
Stress 38 f., 85 ff., 97, 103,
    109 ff., 114 ff., 120, 136 f.,
    154 ff., 165, 203, 205, 209,
    212 f., 216
Sydow, Kirsten von 67

Team 210 f.
Testosteron 45, 58, 78 f., 132, 161
Tobe, Sheldon 96, 100
Tränen 149

Traumpaar 26 ff.
Treue 131 f.
Trump, Donald 36
Tucholsky, Kurt 90
Twain, Mark 83, 146

Unglück 147 ff.
Unterschiede 157 ff.
Untreue 118–139
–, Natürlichkeit der 127 ff.

Vasopressin 109
Veränderung 178 ff.
Verliebtheit 37 ff.
Vernunftehe 132
Verständnis 175 ff.
Verzeihen 163 f.
Vilar, Esther 26, 79

Waalkes, Otto 74
Waite, Linda 99 f.
Wärme 88 f., 93 ff.
Warnsignale 217 f.
Wein 72 f.
West, Mae 46
White, Kate 68
Wilde, Oscar 16, 124, 127,
    187, 189
Worte, zärtliche 89 ff.
Wundheilung 154 ff.

Younger, Jarred 102

Zärtlichkeit 80, 83, 89 ff., 96 ff.,
    110 f., 115 f.

Zeitpunkt, richtiger 56–65
Zeki, Semir 107
Zerrüttung, Klassiker der
    175–194
Ziel, erreichbares 162 f.

Zimmerpflanze 106
Zufriedenheit 200 f., 210
Zweisamkeit 203 ff.
Zwölffingerdarmgeschwür 103
Zyklus der Frau 43, 58, 61, 63

Werner Bartens

Glücksmedizin

Was wirklich wirkt

Ein gesundes Leben zu führen ist eigentlich ganz einfach. Ohne schlechtes Gewissen und ohne die Einflüsterungen der Diät-, Wellness- und Pharmaindustrie lebt es sich nicht nur entspannter, sondern auch besser.
In Glücksmedizin finden Sie gesunde Hinweise zu lustvollem Essen und Trinken, zum passenden Gewicht, dem richtigen Maß an Bewegung, zu Nähe und Zuneigung.

»Schmunzeln statt Zeigefinger ist bei der Informationsvermittlung die Devise, auch schwierige Sachverhalte werden kurzweilig präsentiert. Nach der Lektüre darf man sich gegen leere Versprechen gerüstet fühlen.«

Der Standard, Wien